Die fünfzig Bücher
1971
Bundesrepublik
Deutschland

Bewertet nach Satz,
Druck, Bild, Einband

Stiftung Buchkunst
Frankfurt am Main

Im Kommissionsverlag
der Buchhändler-Vereinigung GmbH,
Frankfurt am Main
ISBN 3-7657-0434-2

Der Wettbewerb „Die fünfzig Bücher 1971 Bundesrepublik Deutschland" steht unter der Schirmherrschaft des Herrn Bundesministers des Innern, Hans Dieter Genscher

Die Mitglieder der Jury

Dr. Ernst Berninger, München
Hans-Dieter Buchwald, Braunschweig
Walter Cantz, Stuttgart
Dr. Heinrich Ellermann, Vaduz (Liechtenstein)
Fritz Lempp, München
Ludwig Oehms, Frankfurt am Main*
Erwin Poell, Heidelberg
Dr. Uwe M. Schneede, Stuttgart
Sonnfriede Scholl, München
Claus J. Seitz, München
Anke von Sichowsky, München
Heinrich Wehmeier, Kassel

* zeitweise vertreten durch Juergen Seuss, Frankfurt am Main

Vorsitz: Dr. Ernst L. Hauswedell, Hamburg
Werner E. Stichnote, Darmstadt

Die Mitglieder der Vorjury:
Thies Heitmann, Hamburg
Walter Wilkes, Darmstadt
Hans Peter Willberg, Schwickershausen

Sekretariat der Jury: Hans Peter Willberg, Stiftung Buchkunst, Frankfurt am Main, Sophienstraße 8

Die prämierten Bücher nach Gruppen

1 Allgemeine Literatur 1-11
2 Wissenschaftliche Bücher und
  Lehrbücher 12-17
3 Sachbücher 18-27
4 Schaubücher 28-30
5 Jugend- und Kinderbücher 31-37
6 Schulbücher 38-41
7 Faksimile-Ausgaben 42
8 Bibliophile Ausgaben 43-44
9 Kataloge 45-47
10 Repräsentations- und Werbedrucke 48-49

Anhang

Verfasser- und Titelverzeichnis
Verzeichnis der Verlage
Verzeichnis der Verlagshersteller
Verzeichnis der Buchkünstler
Verzeichnis der Druckereien und Setzereien
Verzeichnis der Buchbindereien
Verzeichnis der Reproduktionsanstalten
Verzeichnis der Einbandstoff-Hersteller und
  -Lieferanten
Verzeichnis der Papierfabriken
  und -lieferanten

Die bibliographischen und technischen
Angaben beruhen zum größten Teil auf den
Mitteilungen der Verlage und der
Herstellungsbetriebe

Vorwort

Das Vorwort des Katalogs der „schönsten deutschen Bücher 1967" schloß mit dem Satz: „Das Hauptgewicht der Einsendungen lag auf dem solid gemachten, nach allen Regeln der Kunst gestalteten Buch. Das kühne, vielleicht noch ungesicherte Experiment, der avantgardistische Bildumbruch, die individuelle, subjektive Handpressenarbeit wurden in viel zu geringem Maße zum Vergleich gestellt. Hier bleiben Wünsche für künftige Jahrgänge offen."
Fünf Jahre später, bei den „fünfzig Büchern 1971", sieht das anders aus; die Vertreter der klassischen Typographie, der zeitlosen Buchform, haben sich der ungestümen Konkurrenz einer lebendigen, einfallsreichen Generation von Typographen zu erwehren. Entsprechend unterschiedlich und vielseitig ist das Ergebnis dieses Jahrgangs. Die Vielseitigkeit zeigt sich in allen Buchgruppen — mit Ausnahme der Wissenschaft, wo die strenge Form notwendigerweise die einzig angemessene ist. Die Tendenz zur Aktivierung, zur Auflockerung ist so sehr in alle „normalen" Buchgruppen eingedrungen, daß die Bücher der Gruppe „Experimente" ihren Sonderstatus der „Unvergleichbarkeit" nicht mehr so recht wahren konnten.
Die Juroren konnten sich zu keiner Auszeichnung innerhalb dieser Gruppe entschließen. Dem bislang so sehr vernachlässigten Bereich des Jugendbuches kam die typographische Aktivierung sehr zugute, endlich hat das Bilderbuch einen gleichgewichtigen Partner erhalten. Überhaupt ist in diesem Jahr keine der Gruppen — ausgenommen eben die „Experimente" — auffallend gut oder schlecht weggekommen, traditionelle Qualität und typographischer Ideenreichtum ist überall zu finden.

Auffallend ist, daß Aufwand an typographischem Witz durchaus nicht an materiellen Aufwand gebunden ist. Die „fünfzig Bücher 1971" beweisen, daß auch in der heutigen Verlagswelt nicht nur das teure exklusive Buch sorgfältiger Durcharbeitung für würdig erachtet wird, sondern ebenso das wohlfeile Taschenbuch, das für geringe Marktbeträge zu haben ist. So soll es sein. Beide Extreme sind vertreten: Das teuerste prämierte Buch dieses Jahrgangs kostet DM 2400,—, das billigste DM 2,80; von den 49 prämierten Werken haben immerhin 29 einen Ladenpreis bis zu DM 20,—. Der Bestimmung des Wettbewerbs, vor allem auf das gut gemachte Gebrauchsbuch abzuzielen und das teure, nur wenigen zugängliche Werk als Sonderfall mit besonders strengem Maßstab zu messen, wurde demnach entsprochen. So wird es auch möglich, an den Wettbewerbs-Ergebnissen auf Tendenzen in der gesamten Buch-Produktion zu schließen, sowohl was die Gestaltung als auch was die Technik betrifft. So dürfte das Verhältnis der Einbandarten dem allgemeinen Durchschnitt entsprechen: 21 broschierte Bücher, 13 Pappbände, 14 Leinenbände und ein Halblederband. Man mag den relativen Rückgang des bibliotheksgerechten Leinenbandes bedauern, daß jedoch so zahlreiche broschierte Bücher von Gestaltung und Technik her prämierenswert erschienen, ist zu begrüßen. Auch die Entwicklung in der Drucktechnik schlägt durch: bei 40 der 49 ausgezeichneten Titel wurde das Offsetverfahren eingesetzt, der „klassische" Buchdruck dagegen nur bei 16.
(Bei 7 Büchern sind beide Techniken beteiligt.) Am auffallendsten ist der rasche Fortschritt des „kalten" Schriftsatzes. 20 Werke, also über 40% der prämierten Bücher, wurden auf Film gesetzt, dabei wurden die verschiedensten Setzgeräte, vom manuell betätigten bis zum elektronisch gesteuerten, eingesetzt. Daß der Filmsatz somit qualitativ „salonfähig" geworden ist, kann man schon als Durchbruch bezeichnen.

Daß technische Qualität jedoch noch lange nicht die Auszeichnung verbürgt, wurde oft genug gesagt. Die Einheit des ganzen Buches, von Gestaltung, Material und technischer Verarbeitung, bezogen auf Funktion und Art des jeweiligen Buch-Charakters, macht es aus. Es ist erfreulich festzustellen, daß die Bewältigung dieser komplexen Aufgabe nicht auf wenige Stars unter den Verlagen, Buchkünstlern und Herstellungsbetrieben bezogen ist. So sind von den 150 Verlagen, die zusammen 423 Bücher zur Diskussion stellten, immerhin 40 an den Auszeichnungen beteiligt, davon nur ein einziger mit 3 Titeln, bei den Typographen ist sogar die Beteiligung von 2 Titeln das höchste, was erreicht wurde. Bei den Druckereien ist eine Anstalt an 4 Werken beteiligt, bei den Reproduktionsanstalten und ebenso bei den Buchbindereien ist die Grenze bei 3 Büchern erreicht. Es ist erfreulich, daß trotz des allenthalben spürbaren Preis- und Kostendrucks an so vielen Orten noch gute Qualität möglich ist.

So dürfte die Wirkung nach außen gesichert sein — die eine der beiden Aufgaben des Wettbewerbs ist es ja, die Qualität unserer Buchgestaltung und -herstellung auf vielen Ausstellungen im In- und Ausland zu demonstrieren. Die andere Aufgabe ist jedoch wohl noch wichtiger: die Wirkung nach innen. Die immer neue Anregung zur Auseinandersetzung um die richtige Buch-Form, sei es in kritischer Ablehnung der Jury-Entscheidung, sei es in selbstkritischer Abwägung der eigenen Arbeit, ist das Wichtigste an der Sache.

Hans Peter Willberg

1
Tankred Dorst
Sand

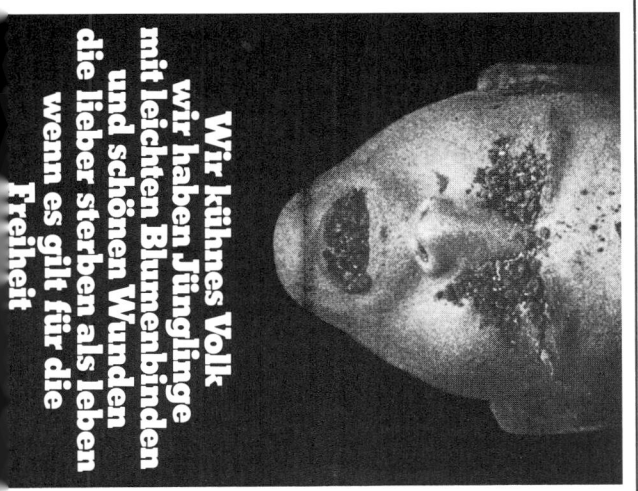

Ein Szenarium
pocket 28
Kiepenheuer & Witsch, Köln
Auflage 3200. 112 Seiten mit
11 Abbildungen. Broschiert DM 14,—

Format: 12 × 18 cm
Satzspiegel: 20 × 35 und 22 × 35 Cicero,
    ein- und zweispaltig
Schrift: Helvetica 10/10 Punkt und
    Breitkopf-Fraktur 10/10 Punkt,
    Auszeichnungen: Helvetica halbfett,
    Kursiv. Linotype
Satz: Gruner & Jahr GmbH, Hamburg
Druck, Bindearbeit und Reproduktionen:
    fotokop Wilhelm Weihert. Darmstadt.
    Offset
Papier: Holzfrei Werkdruck 100 g/qm,
    Papierfabrik Schleipen GmbH,
    Bad Dürkheim-Hardenburg, über
    Stocks & Huth, Hermülheim
Typographie: Wieland Heitmüller und
    Norbert Kleiner, beide Hamburg
Einband: Hannes Jähn. Köln
Hersteller: Theo L. Helwig, Köln

Wir kühnes Volk
wir haben Jünglinge
mit leichten Blumenbinden
und schönen Wunden
die lieber sterben als leben
wenn es gilt für die
Freiheit

einmal morgens sei der ganze Tisch
[u]nd auch der Fußboden bedeckt gewesen mit
[a]lb vollgeschriebenen und bekritzelten
[B]lättern. Er habe aber, sagte er, in der Nacht
[nu]r eine Seite geschrieben.

1 Kotzebues
  Haus

Das Haus in Mannheim: Fast ein Palais unter den
schlichteren Häusern dieser Straße. Die Wohnung des
etablierten Dichters und russischen Staatsrats. Das
Haus, aus einer älteren, Repräsentation liebenden
Epoche stammend, ist für den Herrn von Kotzebue
neu hergerichtet und gestrichen worden. Ockergelbe
Fassade mit Aprikosenspalier und zwei kegelförmig
beschnittenen Taxusbüschen rechts und links von der
Eingangstreppe; der Garten, der von der Seite her
einen Teil der repräsentativen Vorderfront mit Hasel-
nußsträuchern und Rhododendron überwuchert, hat
nicht mehr die abgezirkelten Rabatten und Wege, die
die ursprünglichen Bewohner sich ausgedacht hatten;
Gras wächst über die Kieswege, Flieder und Hage-
dorn wuchern wild. Romantischer Garten. Eine Rosen-
laube ist da, dicht bei der warmen Hauswand, aber
nicht gleich einzusehen wenn man von der Straße her
kommt. Darin, an einem kleinen Marmortischchen sitzt
der berühmte Lustspieldichter; er schreibt oder er hat
geschrieben.
Ein Besucher kommt von der Straße her. Er wird auf
sein Läuten hin von einem Diener eingelassen. Er
taucht später, offenbar durch eine Tür an der Rück-
seite des Hauses in den Garten gelangt, bei den
Fliederbüschen wieder auf. Er nähert sich zwischen
den Blumen und Büschen der Laube; lächerlich vor-
sichtig, wie auf Zehenspitzen.
Kotzebue steht auf, sie unterhalten sich. Die Haltung
Kotzebues: Er steht mit hoch vor der Brust verschränk-
ten und eng an den Körper gepreßten Armen. Die
Masse seines Körpers wirkt auf den kleinen Beinen wie
nach oben verrutscht. Seine langen Arme sind immer,
auch wenn er schreibt, ganz nah am Körper, wie unter
einem Zwang. Nie läßt er sie hängen, nie gestikuliert
er. Er bewegt sich schwerfällig, was aber eher feierlich
wirkt. Wenn er lacht, geht er etwas in die Knie, legt

Gespräch:
Palitzsch, Dorst, Canaris
Bamberg, Mai 1971,
während der Dreh-
arbeiten

: Tankred, wie sind Sie an
den Stoff gekommen?

: Ich hatte in einem Bericht
gelesen über den Prozeß
von Sand, daß Sand von
Jena nach Mannheim
gereist ist mit zwei Mes-
sern in der Tasche, um
den Kotzebue umzubrin-
gen – Kotzebue und an-
schließend sich selbst.
Man hat damals für so
eine Reise vier Tage
gebraucht, Sand hat aber
fünfzehn gebraucht. Ich
fand dann heraus, daß
Sand diese Reise ebenso
gründlich vorbereitet wie
auch verhindert hat,
daß er sich mögliche Stö-
rungen eingebaut hat. Er
hoffte offenbar, es nicht
tun zu müssen. Das hat
mich interessiert. Das war
mein Thema. Das Szena-
rium ist ein Stück über
Sand, über die Person
Sand und ich versuche
da herauszufinden, welche
Motive und welche Zwän-
ge, welche Bedingungen
zu diesem politischen
Mord geführt haben.

P: Es gibt ein Bündel von
Motiven, es kommen viele
Dinge zusammen, und
Tankreds Buch versucht
nicht eigentlich eine Ein-
deutigkeit zu erzielen,
sondern die Vielschich-
tigkeit des Vorgangs zu
erhalten.

C: Tankred, gerade haben
Sie gesagt, daß Sie über
den Prozeß Sands gelesen
haben; und gerade der
Prozeß kommt in unserem
Film, in dem Szenarium
nicht vor. Der Film hört
damit auf, daß die Tat
getan wird.

D: Der Prozeß hat damals ein
sehr großes Aufsehen erregt
und die Öffentlichkeit stark
beschäftigt – wohl auch
deshalb, weil mit dieser
Mordtat eines jungen
Menschen sozusagen eine
neue Moral postuliert
wurde. Es erschienen da-
mals eine Menge Publika-
tionen, sie befassen sich
natürlich auch mit der
Person Sands und erklären
den Mord aus den per-

In einem Brief des Jenaischen Studenten L-- an seinen Freund
A-- vom 24ten Juli 1818 heisst es:

Doch ich verzweifle nicht an unserm Heil, überhaupt das wäre
Verrath gegen unsere gerechte heilige Sache, und es giebt
Gottlob! auch überall Kerle, die denken wie wir; mir müssen nur
eins zu werden streben, über das, was wir wollen, uns vereint
handeln zu können, wenn die Zeit zur That da seyn wird, und
wenn sie da ist, wird Herz und Hort uns schon einen Fingerzeig
geben, dann haben wir die Maske nur zum Feinde zu bringen,
und das der eigene Interesse ist. Dies ist viel leichter, als das
Volk zu dergleichen vorbereiten und es dahin bringen, daß es
einsieht, nun ist die Zeit der That da; das muß ihm, wenn Er da
ist, handgreiflich bewiesen werden, dann geht die Maske; wer
nicht geht, muß mit Füssen getreten werden, die er geht, und wer
die Widerpart hält, den muß man todt schlagen.

L-- schreibt an A-- unterm 8ten Mai 1818:

Ich habe unterwegs mir es angelegen seyn lassen; einen jungen
Mann zu bearbeiten, der seine Ideen über Volk, Staat und unser
Verhältnis zum Staat einzupflanzen; ich habe es mir überhaupt
zur Pflicht gemacht, jeden jungen Kerl, der nur einige
Receptivität zu haben scheint, und dem ich beikommen kann,
reinere Ideen, soviel ich vermag, beizubringen zu suchen, und dann
ihm eine gewisse Meinung von sich selbst, daß er was leisten
könne, und seine Pflicht sey zu leisten, was er vermöge, einzu-
flößen. Ich halte es für nothwendig, wenn nicht alles untergehen
soll.

Der Student H-- schreibt d.d. Königsberg den 23ten April 1819
an einen Ausculator zu Marienwerder:

Sand ist ein edler Mensch, er hätte aber seinen Dolch einem
Bessern sparen sollen. Wäre durch Sands Dolch ein Fürst ge-
fallen, ein solcher das hätte die Adler zum Kampfe herbei-
gelockt, hätte die Völker geläutert, und die gebundene Kraft
gelöset, vielleicht zu früh, aber offenbar wäre es gediehen, und
frühzeitige Früchte sind oft die besten.

2
G. W. F. Hegel
Werke in zwanzig Bänden

Theorie – Werkausgabe
Redaktion Eva Moldenhauer und
Karl Markus Michel
Suhrkamp Verlag, Frankfurt am Main
Auflage 10000. 20 Bände mit insgesamt
10844 Seiten. Broschiert DM 180,–

Format: 11,4 × 18,1 cm
Satzspiegel: 19 × 33 Cicero
Schrift: Garamond-Antiqua 9/11 Punkt,
  Auszeichnungen: Garamond Versalien
  Kursiv. Linotype
Druck: MZ-Verlagsdruckerei GmbH,
  Memmingen. Buchdruck
Bindearbeit: Hans Klotz, Augsburg
Papier: Holzfrei Werkdruck 55 g/qm,
  Papierfabrik Schleipen GmbH,
  Bad Dürkheim-Hardenburg
Einbandstoff: Balacron, Balamundi,
  Huizen (Niederlande)
Typographie: Durch den Verlag
Hersteller: Manfred Naber, Berlin, und
  Barbara Entrup, Frankfurt am Main

3
Jürgen Peter Stössel
Ich gestehe daß ich bestreite

Langewiesche-Brandt KG, Ebenhausen
bei München
Auflage 1000. 64 Seiten. Broschiert
DM 6,80

Format: 13,1 × 20,6 cm
Satzspiegel: 22 × 34 Cicero, aufgeteilt in
  einen oberen und einen unteren
  Streifen
Schrift: Syntax 20/22 Punkt oben und
  10/11 Punkt unten. Oberer Streifen
  Handsatz, unterer Streifen Linotype
Druck und Reproduktionen: Pera-Druck,
  Gräfelfing bei München. Offset
Bindearbeit: Salesianische Offizin,
  München
Papier: Leicht holzhaltig Werkdruck
  90 g/qm, Scheufelen, Oberlenningen
Typographie und Schutzumschlag:
  Buchhändler-Fachklasse an der
  kaufmännischen Berufsschule in
  München
Hersteller: Kristof Wachinger, Ebenhausen

---

daß ich lebe wenn ich nicht schreibe. Es ist nicht möglich daß ich schreiben könnte wenn es wahr wäre daß ich nicht lebe wenn ich schreibe. Es ist nicht wahr daß es nicht möglich ist mit offenen Händen zu leben. Ich gestehe daß ich nicht glaube daß es möglich ist. Ich bestreite nicht daß ich glaube daß die Worte Schlüssel sind daß die Furcht zu sterben mir wenn ich bestreite daß ich lüge. Es ist möglich daß es nicht möglich ist.

Daß ich nicht lache. Nun aber Schluß mit dem Theater. Ich werde ihm was erzählen. Die Motten hatten sich aus dem Staub der Schreibstuben wo der Kopf zu den Akten gelegt wird im honigleckenden Schlaf der Bärenfellmützen breit gemacht. Natürlich mußte unverzüglich etwas geschehen das Unglaubliche ungeschehen zu machen. Man konnte die Löcher nicht auf sich beruhen lassen. Seine Majestät ließ sich nicht aus der Ruhe bringen. Nachdem es geschehen war konnte natürlich gar nichts anderes geschehen als das was geschah. Aber man konnte es nur unter der Hand geschehen lassen. Man mußte die Form wahren. Man durfte nicht das Gesicht verlieren. Man machte gute Miene zum bösen Spiel. Mehr als man dachte stand auf dem Spiel. Man konnte den Kopf nicht länger in den Staub der Motten stecken. Man mußte es einsehen. Man schrieb einen Brief an das Handelsministerium von Kanada. Im Namen seiner Majestät mußte man glaubte es kaum mehr als zwanzig Bären das Fell über die Ohren gezogen werden natürlich ohne viel Lärm daraus neue Mützen für die königliche Garde zu machen. Was sagen Sie dazu? Ist das nicht eine schöne Bescherung? Aber der Präsentiersoldat verschließt sich meinen Worten schnurt die Kinnladen nur noch fester zu mit dem goldenen Band seiner Bärenfellmütze. Er hält sein Gesicht in Zaum zügelt seine Zunge. Er hüllt sich in Schweigen. Er bewahrt Haltung. Er beharrt auf seinem Standpunkt. Punkt. Was ist da noch zu sagen? Er erfüllt seine Pflicht. Pünktlich auf die Sekunde. Tut was er kann doch nichts dafür. Nur ein Rädchen im Getriebe. Goldene Knöpfe streuen ihm Sand in die Augen Da bleibt er stehn. Schließlich hält er was auf Tradition. Das Gewehr in der Hand. Das läßt er sich nicht nehmen. Wenn die Schüsse widerhallen von den Rocky Mountains nimmt er Haltung an. Sicher trifft ihn keine Schuld. Der König lebt. Es sterbe der König. Wahrhaftig. Eine Geschichte wie sie im Buch steht.

Lebenslauf Als er zur Welt kam ging für viele die Welt zugrunde. Weil einer zu weit gegangen war kamen Millionen um. Wer kam und sah zu jener Zeit der siegte nicht. Wie sollte man zu sich kommen wenn es nicht mehr mit rechten Dingen zuging. Kein Wunder daß man nicht auf vernünftige Gedanken kommen konnte ohne in Gefahr zu kommen. So sah es aus als er das Licht der Welt erblickte. Vater und Mutter haben ihm Beine gemacht.

---

gen während nur spärlich noch Spuren lebendiger Organismen wir sind schon jenseits der jugoslawischen Grenze immerhin wurden in Salzen jener Zeit Bakterien gefunden die sich nach sechshundert Millionen Jahren wieder zum Leben erwecken ließen erst in der Nähe der albanischen Grenze bei Novi Pazar stirbt das Lebendige endgültig aus falls nicht doch schon vor drei Milliarden Jahren dies auf der Halbinsel Sinai Algen gelebt haben doch wir leben jetzt schalten wir lieber den Fernseher ein wenn wir uns die Halbinsel Sinai mal aus der Nähe an was denken Sie während dieser Zeit hat sich das Sonnensystem fünfmal um das Zentrum der Milchstraße gedreht irgendwo zwischen Mekka und Medina ist die Erdkruste erkaltet südlich der Malediven entstanden die Sterne und alles andere irgendwo westlich von Australien auch das Weltall da irgendwo war der Anfang der Zeit.

Schlagzeilen Wie ist es denn heute. In versteinert Eigenschaft als. Schön wäre es wenn. Obwohl die Sonne scheint kann niemand über seinen Schatten springen. Das wäre ja noch schöner. Der Mann auf der Straße geht nicht auf die Straße. Wer sich nicht abfindet hat hier nichts zu suchen. Was mit uns nichts zu tun hat ist das womit wir es zu tun haben. Jeder Mensch hat Anspruch auf. Friß oder. Wer versagt hat nichts mehr zu sagen. Man begibt sich nicht ungestraft in Gefahr. Auch der Hund der uns auf dem Fuß folgt kann zur Gefahr werden. Wir versagen uns was uns versagt wird. Im Rahmen der Gesetze festigt sich unser Weltbild. Irren ist menschlich. Aber sind Irre auch Menschen? Vieles sieht anders aus. Andere sehen was aus uns geworden ist. Wir sehen wie alle aus. Mehr oder weniger. Zum Glück sieht es uns niemand an. Schließlich sind wir nicht von gestern. Aber wir waren doch alle mal jung. Hiersein ist herrlich. Rilke hatte gut reden dort im Schloß Duino und überhaupt. Von Kunst kann doch gar keine Rede mehr sein. Aber ausgelöffelte Gesichter erregen immer noch unseren Ekel. Warum schreißen wir nicht auf die soziale Hygiene? Aber es ging uns doch noch nie so gut. Es herrscht ein stillschweigendes Einverständnis. Mütter stillen ihre Kinder. Wenn der Hunger gestillt ist herrscht Stille. Die Herrschenden lieben die Stille. Wer die Herrschenden liebt kann seinen Hunger stillen. Die Stillen im Lande sind fast immer Hungerleider. Zum Beispiel der Dichter. Das ist ein schlechtes Beispiel.

4
Andy Warhol
Blue Movie

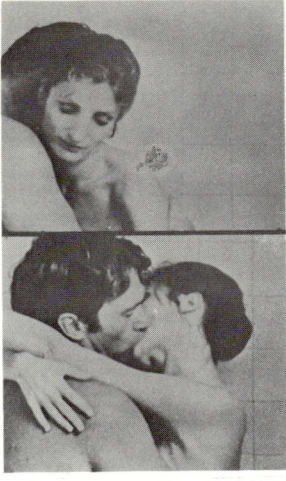

Ein Film von Andy Warhol
Der ungekürzte Dialog mit über
100 Photos
pocket 21
Kiepenheuer & Witsch, Köln
Auflage 9350. 128 Seiten. Broschiert
DM 12,–

Format: 12 × 18 cm
Satzspiegel: 20 × 33 Cicero
Schrift: Univers 10/10 Punkt,
    Auszeichnungen: Univers halbfett,
    Kursiv. Schreibsatz (IBM Composer)
Satz: Hans Richarz, Niederpleis
Druck und Reproduktionen: Proff & Co.,
    Bad Honnef. Kleinoffset
Bindearbeit: Weiss & Zimmer,
    Mönchengladbach
Papier: Matt holzfrei maschinengestrichen
    Offset 120 g/qm, Papierfabrieken
    Gelderland Tielens, Nijmegen
    (Niederlande), über Stocks & Huth,
    Hermülheim
Typographie: Theo L. Helwig, Köln
Einband: Hannes Jähn, Köln
Hersteller: Theo L. Helwig

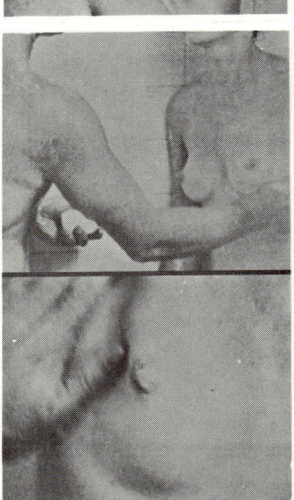

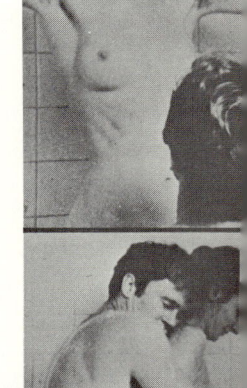

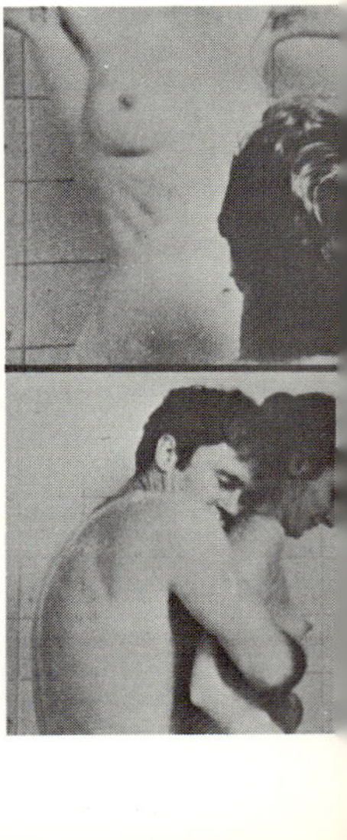

5
Dieter Schupp
Seelsorgereport

Skizzen aus dem Alltag
Gütersloher Verlagshaus Gerd Mohn, Gütersloh,
und Matthias-Grünewald-Verlag, Mainz
Auflage 4000. 130 Seiten. Broschiert
DM 9,80

Format: 11,8 × 18,8 cm
Satzspiegel: 20½ × 34½ Cicero
Schrift: Helvetica 9/11 Punkt,
    Auszeichnungen: Helvetica halbfett,
    Kursiv. Filmsatz (Linotron 505)
Druck und Bindearbeit: Mohndruck,
    Gütersloh. Offset
Papier: Holzfrei Werkdruck 80 g/qm,
    Papierfabrik Schleipen GmbH,
    Bad Dürkheim-Hardenburg
Typographie: Hansjürgen Meurer,
    Gütersloh
Einband: Dieter Rehder, Düsseldorf
Hersteller: Hansjürgen Meurer

6
Horror

Gruselgeschichten aus alter und neuer Zeit
Herausgegeben von Kurt Singer
Mit 77 Bildern von Günther Stiller
Büchergilde Gutenberg, Frankfurt am Main
Auflage 13750. 328 Seiten. Linson
DM 14,80

Format: 16 × 23,6 cm
Satzspiegel: 29 × 42 Cicero
Schrift: Times-Antiqua 10/11½ Punkt, Auszeichnungen: Halbfette Windsor. Filmsatz (Monophoto)
Druck und Reproduktionen: Paul Robert Wilk, Seulberg/Taunus. Offset
Bindearbeit: C. Fikentscher, Darmstadt
Papier: Seltiaplan Konsum Offset Standard 110 g/qm, Papierfabrik Seltmans GmbH, Seltmans/Allgäu
Einbandstoff: Linson, über Peyer & Co., Stuttgart
Typographie, Einband und Schutzumschlag: Günther Stiller, Watzhahn
Hersteller: Otto Päglow, Bad Homburg

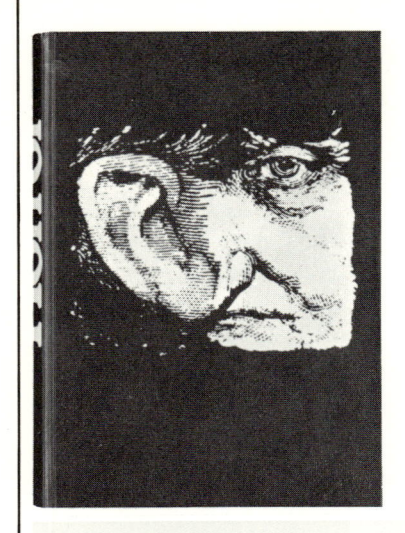

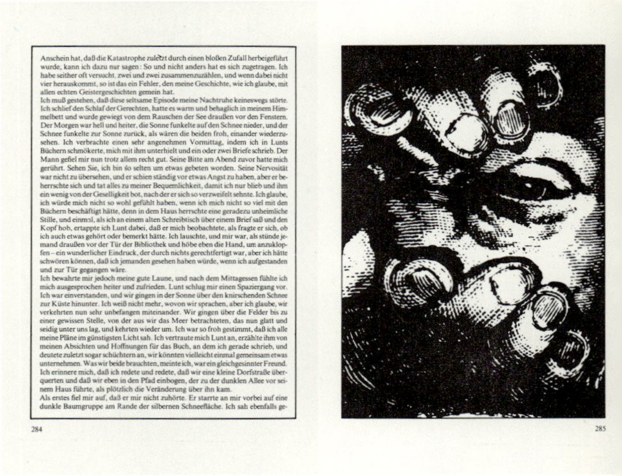

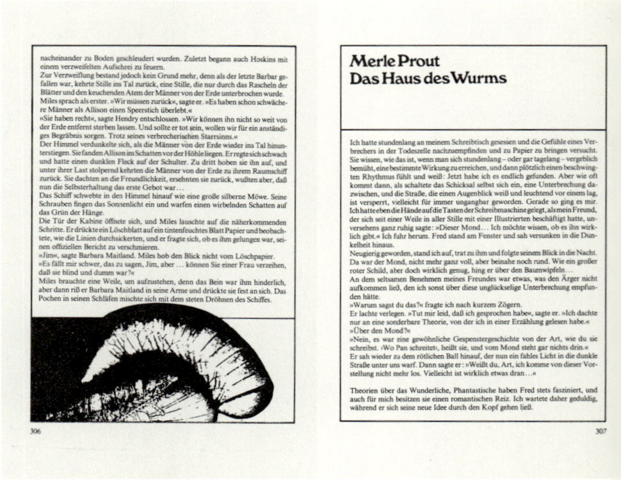

7
Theodor W. Adorno
Eine Auswahl

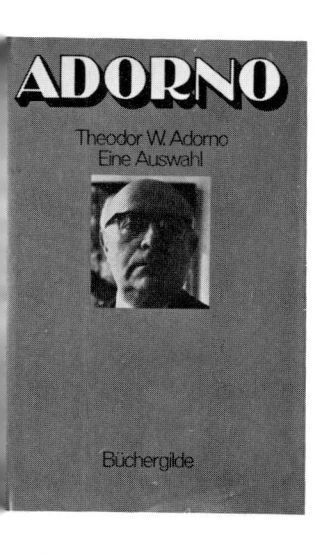

Herausgegeben von Rolf Tiedemann
Büchergilde Gutenberg, Frankfurt am Main
Auflage 7400. 420 Seiten. Leinen
DM 14,80

Format: 12,5 × 20,3 cm
Satzspiegel: 20 × 34 Cicero
Schrift: Times-Antiqua 9/11 Punkt,
   Auszeichnungen: Times Kursiv.
   Intertype
Druck: Richard Wenzel, Aschaffenburg-
   Goldbach. Buchdruck
Bindearbeit: G. Lachenmaier, Reutlingen
Papier: Holzfrei Werkdruck 80 g/qm,
   Gebr. Schachenmayr, Mochenwangen
Einbandstoff: Recordleinen, Bamberger
   Kalikofabrik, Bamberg
Typographie, Einband und Schutz-
   umschlag: Juergen Seuss, Frankfurt
   am Main
Hersteller: Juergen Seuss

8
ror wolf
mein famili

sämtliche moritaten von raoul tranchirer
mit 22 collagen des autors
edition suhrkamp 512
Suhrkamp Verlag, Frankfurt am Main
Auflage 6000. 94 Seiten. Broschiert DM 4,—

Format: 10,8 × 17,7 cm
Satzspiegel: wechselnd
Schrift: Garamond-Antiqua 10/12 Punkt,
  Auszeichnungen: Garamond halbfett.
  Linotype
Druck und Bindearbeit: Georg Wagner,
  Nördlingen. Offset
Reproduktionen: Paul Robert Wilk,
  Seulberg/Taunus
Papier: Leicht holzhaltig 2seitig matt-
  gestrichen Werkdruck 70 g/qm,
  Papierfabrik Albbruck, Albbruck
Einbandstoff: Snolin, über Peyer & Co.,
  Stuttgart
Typographie: Rolf Staudt, Frankfurt am
  Main
Einband: Willy Fleckhaus, Köln
Hersteller: Helga Riedel, Frankfurt am
  Main

---

beginn der handlung mit allen beteiligten.
es ist abend

am klavier sitzt in der dämmerung
der direktor, er spielt ohne schwung.
rechts der scheich stellt seinen mokka hin.
an der hand steckt funkelnd der rubin.
knisternd liest die gräfin einen brief,
und im schlaf der graf, er atmet tief.
die baronin saugt an ihrem tee.
saugend steht sie neben dem büffet.
als es plötzlich klingelt, weiß man schon:
der baron benutzt das telefon.
hier spricht der baron und wer spricht dort?
dann legt er den hörer wieder fort.
waldmann klopft sich pfeifend auf den fuß,
klopft und klopft, gebückt, aus überdruß.
der direktor spielt am klavier.
waldmann öffnet eine flasche bier.
und der scheich streicht über seinen bart.
etwas hat geknackt und etwas knarrt.
waldmann sagt: ich höre doch geräusche,
etwas knarren, wenn ich mich nicht täusche.

waldmann hat etwas hervorgezogen,
abends, seine hand ist ganz gebogen.
jemand schwarz, der fremde, keine frage.
waldmann übersieht sofort die lage
und reißt ihm die maske vom gesicht.
aber das gesicht erkennt man nicht.
waldmann stößt ihn in die dunkelheit.
danke, sagt man, das war höchste zeit.
ja, sagt waldmann und er hob die hand,
stieg in seinen plymouth und verschwand.

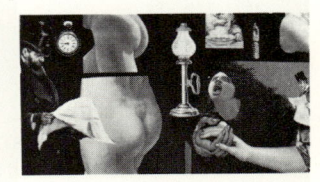

vier herren

vier herren stehen im kreise herum
der erste ist groß der zweite ist krumm
der dritte ist dick der vierte ist klein
vier herren stehen im lampenschein

der erste ist stumm der zweite ist still
der dritte sagt nichts der vierte nicht viel
sie stehen im kreise und haben sich jetzt
die hüte auf ihren kopf gesetzt

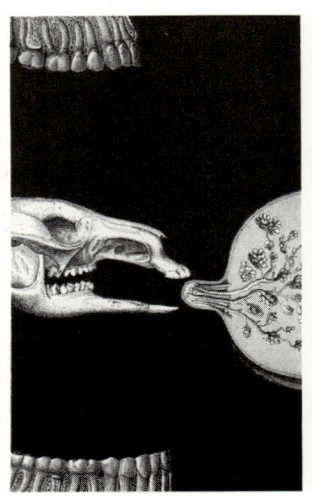

die köchin

am abend in der küche hinterm topf
an diesem abend in der küche grau
am topf und hinterm topf am köchin wars
würgt hart der schluckauf in der köchin kropf

er schüttelt ihren leib des abends wie
wenn von papier er sei und nicht von fleisch
so schüttelt bauch er abends und gesäß
und schüttelt brust und brust und schenkel knie

der köchin kopf der zwischen bein und bein
die blume wächst aus ihrem harten leib
im herd kracht holz und überm herde kocht
der brei die grütze und im stalle schrein

der hahn der hengst im stalle und die kuh
die katze schreit die dreimal trägt im jahr
die hausfrau schreit im bett und hinterm haus
schreit schrill die magd der vater schreit nach ruh

die amme schreit im bett und säugt das kind
der hofhund schreit in seiner hütte und
in seiner falle schreit der mausbock wild
großvater schreit und kratzt an seinem grind

an diesem abend dort der mond und bloß
der köchin hintern rot und weiß und hier
im hof der brunnen braun das buschwerk dort
die köchin unterm herd hier rot und groß

9
Literatur im Klassenkampf

Zur proletarisch-revolutionären Literaturtheorie
1919-1923
Eine Dokumentation von Walter Fähnders und Martin Rector
Carl Hanser Verlag, München
Auflage 4000. 240 Seiten. Broschiert
DM 19.80

Format: 13,2 × 20,2 cm
Satzspiegel: 24 × 38 Cicero
Schrift: Times-Antiqua 9/11 Punkt (Text) und 8/10 Punkt (Quellen und Anhang), Auszeichnungen: Times, halbfett, Versalien, Kapitälchen, Kursiv. Filmsatz (Linotron 505)
Druck: Georg Appl, Wemding. Offset
Bindearbeit: Monheim GmbH, Monheim
Papier: Fast holzfrei Werkdruck 80 g/qm, über Hartmann & Mittler, München
Einbandstoff: Snolin, über Peyer & Co., Stuttgart
Typographie und Einband: Claus J. Seitz, München
Hersteller: Claus J. Seitz

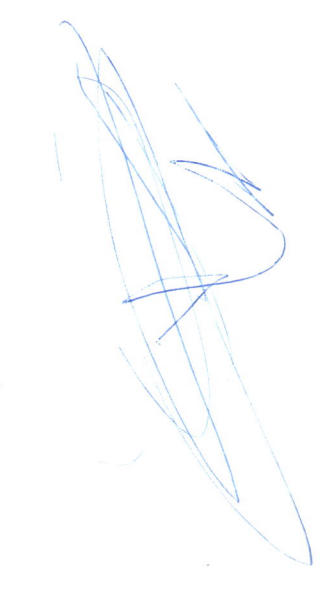

10
Wolfgang Bauer
China und die Hoffnung auf Glück

Paradiese – Utopien – Idealvorstellungen
Carl Hanser Verlag, München
Auflage 3000. 704 Seiten. Leinen DM 75,–

Format: 13,3 × 21 cm
Satzspiegel: 22 × 38 Cicero
Schrift: Garamond-Antiqua 9/11 Punkt (Text) und 8/10 Punkt (Zitate und Anhang), Auszeichnungen: Garamond Versalien, Kapitälchen, Kursiv. Linotype
Druck, Bindearbeit und Reproduktionen: Passavia AG, Passau. Buchdruck
Papier: Holzfrei Werkdruck 70 g/qm, über Ernst A. Geese, Hamburg
Einbandstoff: Vienna-Leinen, über Peyer & Co., Stuttgart
Typographie, Einband und Schutzumschlag: Claus J. Seitz, München
Hersteller: Claus J. Seitz

Onkel Olbrich mischte sich in die Politik. Obwohl er schwach von Verstand war, brachte er es nicht weiter als bis zum Beitragszahler. Einmal mußte er einen Fragebogen ausfüllen, und da schrieb er in die Rubrik „Beruf": Laie. Damals hatte er eine reelle Chance, Präsident zu werden, denn in seiner Heimat herrschte eine solche Demokratie, daß jeder hätte Präsident werden können.

11
Bohumil Štěpáns Familienalbum

Collagen
dtv 797
Deutscher Taschenbuch Verlag, München
Auflage 14 000. 136 Seiten. Broschiert
DM 3,80

Format: 10,8 × 18 cm
Satzspiegel: 19 Cicero breit
Schrift: Schmale Antiqua 10/12 Punkt,
    vergrößert. Monotype
Druck und Bindearbeit: C. H. Beck'sche
    Buchdruckerei, Nördlingen. Offset
Reproduktionen: Amann & Co., München
Papier: Holzhaltig Werkdruck 60 g/qm,
    MD Papierfabriken Heinrich Nicolaus
    GmbH, München
Typographie: Durch den Verlag
Einband: Celestino Piatti, Basel, unter
    Verwendung einer Collage von Bohumil
    Štěpán

Onkel Holzinger war bereits in den Jahren, und darum wunderten sich sämtliche Verwandte, als sie erfuhren, daß er ein Kind haben werde.

Von klein auf ist mir nichts durchgegangen. Meine Mutter hielt auf eiserne Disziplin.

12
Innere Medizin

Ein Lehrbuch für Studierende der Medizin und Ärzte
Begründet von Ludwig Heilmeyer
3., neubearbeitete Auflage
Herausgegeben von Hans Adolf Kühn
Zwei Bände
Springer-Verlag, Berlin, Heidelberg, New York
Auflage 8000. Band 1: 691 Seiten mit 247 Abbildungen, Band 2: 646 Seiten mit 205 Abbildungen. Leinen DM 116,—

Format: 19,3 × 27 cm
Satzspiegel: 33 × 51 Cicero, zweispaltig
Schrift: Times-Antiqua 10/10 Punkt und 8/8 Punkt, Auszeichnungen: Times halbfett, Kursiv. Filmsatz (Monophoto)
Druck, Bindearbeit und Reproduktionen: Universitätsdruckerei H. Stürtz AG, Würzburg. Offset
Papier: Holzfrei mattgestrichen Samtoffset 90 g/qm, über G. Schneider & Söhne, Ettlingen
Einbandstoff: Buckram-Gewebe, Göppinger Kaliko- und Kunstleder-Werke, Göppingen
Typographie und Einband: Durch den Verlag
Schutzumschlag: W. Eisenschink, Heidelberg
Hersteller: Martha Gründler, Heidelberg

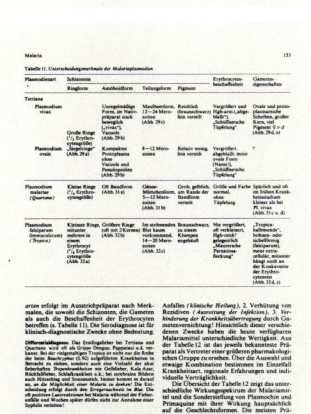

13
Eduard Mörike
Werke und Briefe

Historisch-kritische Gesamtausgabe
Fünfter Band: Maler Nolten
Lesarten und Erläuterungen
Herausgegeben von Herbert Meyer
Ernst Klett Verlag, Stuttgart
Auflage 4000. 279 Seiten mit 2 Tafeln
und einer Musikbeilage. Leinen DM 36,–

Format: 15,2 × 24,3 cm
Satzspiegel: 22 × 39 Cicero
Schrift: Dante-Antiqua 8/14 Punkt,
　Auszeichnungen: Versalien, Kursiv,
　halbfett, Kapitälchen. Monotype
Druck: Offizin Chr. Scheufele, Stuttgart.
　Buchdruck (Text) und Offset (Tafeln
　und Musikbeilage)
Bindearbeit: Ernst Riethmüller & Co.,
　Stuttgart
Reproduktionen: Willy Berger, Stuttgart-
　Feuerbach
Papier: Daunendruck A 70 110 g/qm,
　Scheufelen, Oberlenningen
Einbandstoff: Seta-Gewebe, Bamberger
　Kalikofabrik, Bamberg
Typographie, Einband und Schutz-
　umschlag: Prof. Carl Keidel, Stuttgart
Hersteller: Gerhard Pohle, Stuttgart

14
Mariano Taccola
De Machinis

The engineering treatise of 1449.
Facsimile of Codex Latinus Monacensis 28800 in the Bayerische Staatsbibliothek, München, with additional reproductions from Codex Latinus 7239 in the Bibliothèque Nationale, Paris, from MS 136 in the Spencer Collection New York Public Library, from Codex Latinus 2941 in the Biblioteca Nazionale Marciana, Venezia. Introduction, Latin texts, descriptions of engines and technical commentaries by Gustina Scaglia
Zwei Bände
Dr. Ludwig Reichert Verlag, Wiesbaden (Auslieferung Otto Harrassowitz, Wiesbaden)
Auflage 800. Vol. I Texts: 184 Seiten, Vol. II Plates: 212 Seiten mit 202 Schwarzweißabbildungen. Leinen DM 480,—

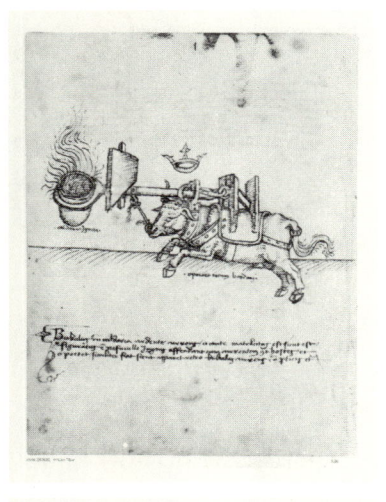

Format: 22,8 × 30,3 cm
Satzspiegel: 36 × 47½ Cicero
Schrift: Romulus-Antiqua 12/17 Punkt (Text), 14/19 Punkt (latein. Text), 10/14 Punkt (Fußnoten), Auszeichnungen: Romulus Versalien, Kursiv, Kapitälchen. Monotype
Druck: Offizin Chr. Scheufele, Stuttgart. Buchdruck (Vol. I) und Offset (Vol. II)
Bindearbeit: Ernst Riethmüller & Co., Stuttgart
Reproduktionen: A. Gäßler & Co., München
Papier: Holzfrei Offset 135 g/qm, Scheufelen, Oberlenningen
Einbandstoff: Pastellgewebe, Bamberger Kalikofabrik, Bamberg
Typographie, Einband und Schutzumschlag: Prof. Carl Keidel, Stuttgart

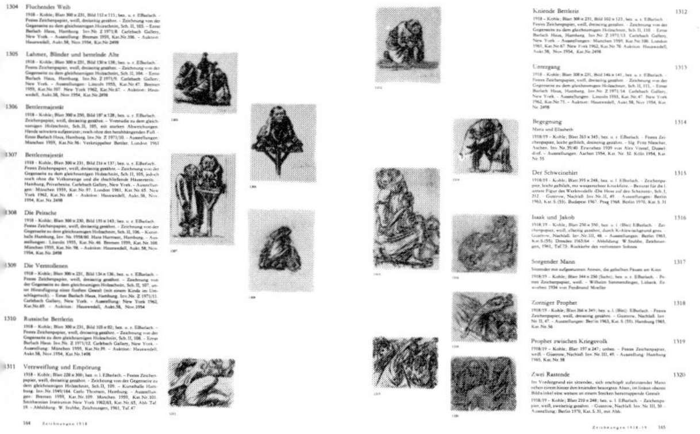

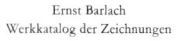

15
Ernst Barlach
Werkkatalog der Zeichnungen

Werkverzeichnis Band III
Bearbeitet von Friedrich Schult
Herausgegeben mit Unterstützung der
Deutschen Akademie der Künste
zu Berlin, DDR
Dr. Ernst Hauswedell & Co. Verlag,
Hamburg
Auflage 600. 292 Seiten mit 1600
Abbildungen. Leinen DM 480,–

Format: 22 × 30 cm
Satzspiegel: 39 × 56 Cicero
Schrift: Garamond-Antiqua 10/13 Punkt
 (Einleitung) und 8/9 Punkt (Katalog),
 ein- und zweispaltig, Auszeichnungen:
 Garamond. Linotype.
Druck: Gerhard Stalling AG, Oldenburg
 (Oldb.). Buchdruck
Bindearbeit: Ladstetter, Hamburg
Reproduktionen: Willi Uhrmacher & Co.,
 Hamburg
Papier: Holzfrei Orig.-Kunstdruck
 IKONOREX 135 g/qm, Zanders Fein-
 papiere GmbH, Bergisch Gladbach
Einbandstoff: Buckram-Gewebe,
 Bamberger Kalikofabrik, Bamberg
Typographie und Einband: Prof. Richard
 von Sichowsky, Hamburg

16
Handbuch des Buchhandels
in vier Bänden

Herausgegeben von Peter Meyer-Dohm
und Wolfgang Strauß
Band III: Sortimentsbuchhandel
Redaktion Franz Hinze
Verlagsgruppe Bertelsmann, Gütersloh
Verlag für Buchmarkt-Forschung,
Hamburg
Auflage 1000. 610 Seiten mit 58
Abbildungen und über 70 Tabellen
im Text. Leinen DM 98,—

Format: 17 × 23,7 cm
    Satzspiegel: 28 × 41 Cicero, ein- und
    zweispaltig
Schrift: Garamond-Antiqua 9/11 Punkt
    und 8/10 Punkt, Auszeichnungen:
    Garamond, Kursiv. Monotype
Druck und Bindearbeit: Mohndruck,
    Gütersloh. Buchdruck
Reproduktionen: Emil Giesow & Co.,
    Bielefeld
Papier: Holzfrei Werkdruck 90 g/qm,
    Papierfabrik Seltmans GmbH,
    Seltmans/Allgäu
Einbandstoff: Buckram-Gewebe,
    Bamberger Kalikofabrik, Bamberg
Typographie und Einband: Hans Peter
    Willberg, Schwickershausen
Hersteller: Gerhard Nolting, Gütersloh

17
Alfred Dürr
Die Kantaten von Johann Sebastian Bach

Zwei Bände
dtv 4080 und dtv 4081
Bärenreiter-Verlag, Kassel,
und Deutscher Taschenbuch Verlag,
München
Auflage je 12 000. Insgesamt 754 Seiten.
Broschiert je DM 8,80

Format: 10,8 × 18 cm
Satzspiegel: 20 × 35 Cicero
Schrift: Garamond-Antiqua 9/10 Punkt,
 Auszeichnungen: Garamond
 Kapitälchen, Kursiv. Monotype
Notensatz: Bärenreiter-Verlag und
 Druckerei, Kassel
Druck und Bindearbeit: C. H. Beck'sche
 Buchdruckerei, Nördlingen. Offset
Papier: Holzhaltig Werkdruck 60 g/qm,
 MD Papierfabriken Heinrich Nicolaus
 GmbH, München
Typographie: Deutscher Taschenbuch
 Verlag, Herstellungsabteilung
Einband: Celestino Piatti, Basel

18
Rudolf H. Kracht
Technische Begriffe aus der
Werkstatt

Ein Sprachprogramm für ausländische
Arbeitnehmer und Auszubildende
spanisch und deutsch
Technische Zeichnungen: Gisela Wadewitz
und Franz Schüler
Deutsche Verlags-Anstalt, Stuttgart
Auflage 2000. 200 Seiten. Broschiert
DM 24,–

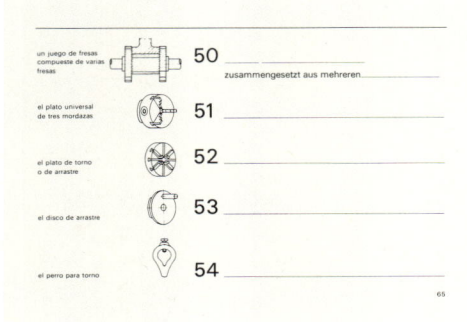

Format: 20,8 × 14,3 cm
Satzspiegel: 39 × 25 Cicero
Schrift: Univers, verschiedene Schrift-
 grade, Auszeichnungen: Univers
 halbfett. Filmsatz (Monophoto)
Druck, Bindearbeit und Reproduktionen:
 Deutsche Verlags-Anstalt GmbH,
 Grafischer Großbetrieb, Stuttgart.
 Offset
Papier: Holzfrei Offset 120 g/qm, über
 Carl Berberich, Stuttgart
Einbandstoff: Balacron, Balamundi,
 Huizen (Niederlande)
Typographie: Christine Gohl, Stuttgart
Einband: Kurt Heger, Stuttgart
Hersteller: Christine Gohl

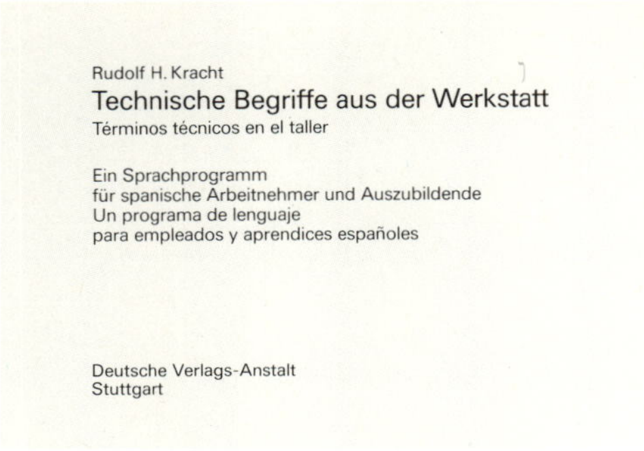

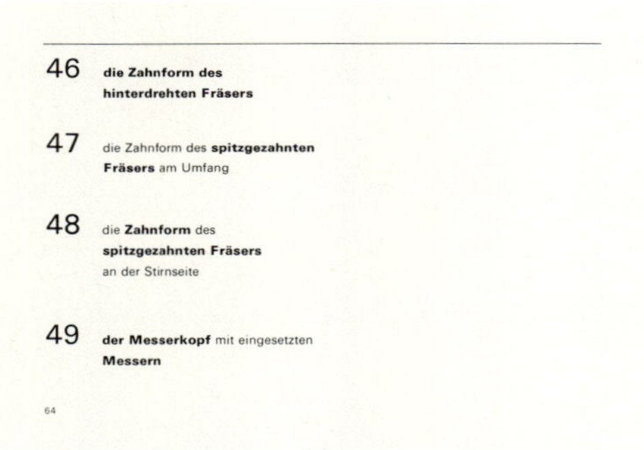

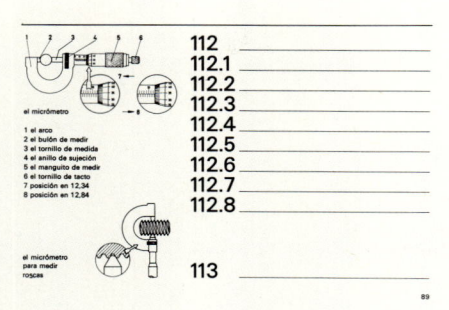

19
Peer Gynt

Ein Schauspiel aus dem neunzehnten
Jahrhundert
Dokumentation der Schaubühnen-
Inszenierung Berlin 1971
Redaktion: Ellen Hammer, Karl-Ernst
Herrmann, Botho Strauß
Schaubühne am Halleschen Ufer, Berlin,
und Verlag Albert Hentrich, Berlin
Auflage 5000. 148 Seiten mit 88 Szenen-
fotos und zahlreichen Illustrationen.
Broschiert DM 22,80

Format: 24 × 31 cm
Satzspiegel: 49 × 66 Cicero, ein-, zwei-
und dreispaltig
Schrift: Diverse Schriften. Linotype,
Diatronic
Druck: Albert Hentrich, Berlin. Buchdruck
und Offset
Bindearbeit: Berliner Buchbinderei
Wübben & Co., Berlin
Reproduktionen: Meisenbach Riffarth &
Co. — Bruns & Stauff GmbH, Berlin,
und Wäsch-Repro, Berlin
Papier: Holzfrei gestrichen Offset
100 g/qm und 110 g/qm; farbig
Firmato 110 g/qm
Typographie und Einband: Karl-Ernst
Herrmann, Berlin

20
Gisela Bergsträsser
Darmstadt,
eine bürgerliche Residenz

Verlag Hermann Emig, Amorbach
Auflage 7000. 124 Seiten mit 19 vierfarbigen und 30 Schwarzweißabbildungen
Leinen DM 19,80

Format: 10,2 × 17 cm
Satzspiegel: 17 × 30 Cicero
Schrift: Aldus-Buchschrift 9/12 Punkt,
   Auszeichnungen: Aldus Kursiv.
   Linotype
Druck: Oehms Druck KG, Frankfurt am Main. Buchdruck (Text) und Offset (Abbildungen)
Bindearbeiten: Ladstetter, Hamburg
Reproduktionen: Klischee- und Litho-Anstalt Georg Lang, Frankfurt am Main
Papier: Holzfrei Werkdruck AO 70, 110 g/qm, Scheufelen, Oberlenningen
Einbandstoff: Seta-Gewebe, Bamberger Kalikofabrik, Bamberg
Typographie, Einband und Schutzumschlag: Hermann Zapf, Frankfurt am Main

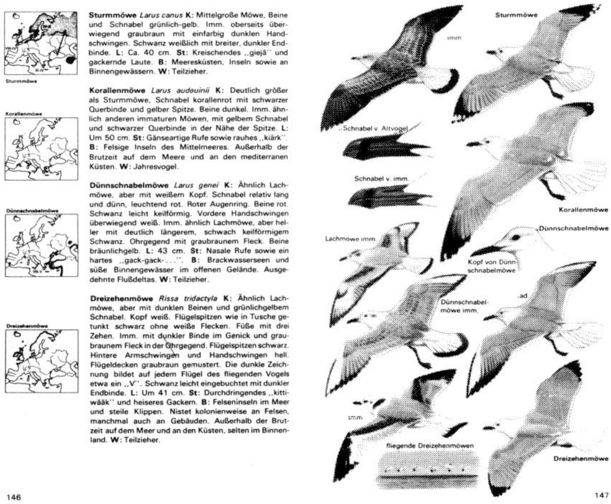

21
Der Kosmos-Vogelführer

Die Vögel Deutschlands und Europas in Farbe von Bertel Bruun, illustriert von Arthur Singer, aus dem Englischen übersetzt und bearbeitet von Dr. Claus König, Ludwigsburg
Kosmos, Gesellschaft der Naturfreunde Franckh'sche Verlagshandlung, Stuttgart
Auflage 50 000. 320 Seiten mit 516 farbigen Illustrationen und 448 farbigen Verbreitungskarten im Text
Broschiert DM 14,80

Format: 11,6 × 19 cm
Satzspiegel: 15½ × 38 Cicero
Schrift: Univers halbfett 9/9 Punkt und 8/8 Punkt, Auszeichnungen: Univers, dreiviertelfett, halbfett, Kursiv. Filmsatz (Photon 540)
Satz: Ernst Klett, Stuttgart
Druck, Bindearbeit und Reproduktionen: Officine Grafiche A. Mondadori, Verona. Offset
Papier: Holzfrei Offset 112 g/qm
Typographie: Uwe Höch, Stuttgart, und Verlag
Einband: Edgar Dambacher, Stuttgart
Hersteller: Uwe Höch

22
Klaus-Jürgen Sembach
Stil 1930

Style 1930
Französische Übersetzung von
Alain Villain
Verlag Ernst Wasmuth, Tübingen
Auflage 1500. 208 Seiten mit
118 Schwarzweißabbildungen und 8 Farbtafeln. Leinen DM 34,—

Format: 20,5 × 22,5 cm
Satzspiegel: 28 × 45 Cicero
Schrift: Futura-Buchschrift 12/16 Punkt
    (Text) und 8/11 Punkt (Anhang).
    Linotype
Druck: A. Oelschlägersche Buchdruckerei,
    Calw. Buchdruck
Bindearbeit: Fritz Wochner KG,
    Horb/Neckar
Reproduktionen: Meisenbach Riffarth &
    Co. — Bruns & Stauff GmbH, Berlin
Papier: Holzfrei grau Werkdruck
    130 g/qm, Papierfabrik Salach,
    Salach/Württ., über Otto Ficker AG,
    Kirchheim/Teck (Text); holzfrei weiß
    Kunstdruck 150 g/qm, Scheufelen,
    Oberlenningen (Abbildungen)
Einbandstoff: Frankenleinen, Bamberger
    Kalikofabrik, Bamberg
Typographie: Manfred Heinrich,
    Reutlingen
Einband und Schutzumschlag: Klaus-
    Jürgen Sembach, München, und
    Manfred Heinrich, Reutlingen
Hersteller: Manfred Heinrich

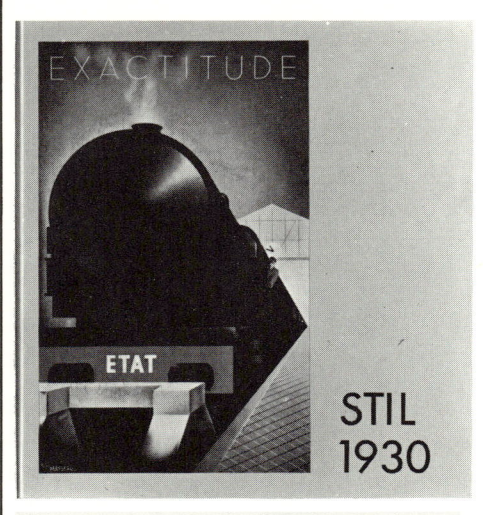

PHOTOGRAPHIE

Die Genauigkeit, die wir an den Dingen selbst festgestellt haben, findet ihre Entsprechung in der Art, wie Objekte angesehen werden. Der Blick, der auf Gebäude, Menschen, tote Gegenstände durch das Medium der Photographie getan wird, ist um 1930 gleichfalls von einer leidenschaftslosen Präzision. Die folgenden Abbildungen versuchen das zu belegen. Verhaltenheit, Stille, auch eine gewisse Lakonik erfüllen die Aufnahmen, die dadurch Raum, Gewicht und eine schöne Deutlichkeit gewinnen. Sie sind nicht anekdotisch und sie verzichten darauf, in vordergründiger Weise zu erzählen. Das agitatorische Pathos, das noch während der zwanziger Jahre verbreitet gewesen war, ist einer größeren Zurückhaltung gewichen. Der Betrachter wird nicht mehr von der Direktheit der Motive angesprungen. Auch das forcierte Experiment in Form von kameraloser Photographie, Mehrfachbelichtung oder ausgefallener Blickrichtung ist zurückgetreten zugunsten einer ruhigen Bestimmtheit, die statt Emotionalität den regelmäßigen Atem eines ausgewogenen Bewußtseins spüren läßt. Der Aufbau beschränkt sich auf wenige, aber große Akzente, und Bewegungen oder heftige Gesten bleiben ausgespart. Die Bilder sind zugleich fern von jenem absichtsvollen, unreflektierten Optimismus, der ein häufiges und gleichbleibendes Mißverstehen photographischer Möglichkeiten darstellt. Weder Naturidyllik noch die aufgesetzte Fröhlichkeit irgendwelcher Motive »aus dem Leben« sind anzutreffen.
Eher ist dagegen ein Anflug von Melancholie zu entdecken, eine abwartende, leicht zögernde Haltung, die sich der Beständigkeit ihrer Position noch nicht ganz sicher ist. Darin eine Vorahnung kommender Katastrophen sehen zu wollen, ist wahrscheinlich erlaubt, bleibt jedoch so vage und unbeweisbar wie jede ähnliche Vermutung. Daß ein leiser Zug von Resignation in der Zeit um 1930 lag, ist aber verständlich und begründbar durch den Gegensatz von formaler Reife und politisch-wirtschaftlichem Desaster. Ein Bewußtsein für die mögliche Vergeblichkeit allen progressiven Ge-

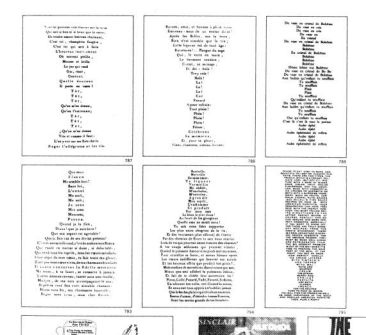

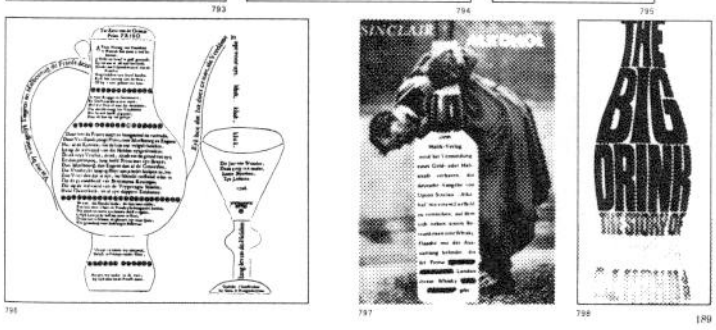

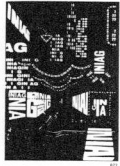

23
Massin
Buchstabenbilder und
Bildalphabete

Vom Zeichen zum Buchstaben und vom
Buchstaben zum Zeichen
Aus dem Französischen übersetzt von
Philipp Luidl und Rudolf Strasser
Otto Maier Verlag, Ravensburg
Auflage 2000. 288 Seiten. Leinen DM 90,–

Format: 21 × 27 cm
Satzspiegel: 41 × 56 Cicero
Schrift: Imprimatur 10/12 Punkt,
    Auszeichnungen: Imprimatur, Kursiv.
    Intertype
Satz: J.P. Himmer KG, Augsburg
Druck: Didot Firmin, Ivry-sur-Seine
    (Frankreich)
Bindearbeit: Hans Klotz, Augsburg
Reproduktionen: Ateliers Handressy-
    Rottau
Papier: Mattgestrichen Offset 135 g/qm
Einbandstoff: Charmantgewebe,
    über Gebr. Schabert, Bamberg
Typographie und Einband: Durch den
    Verlag
Schutzumschlag: Walter Baum und
    Gisela Dommes

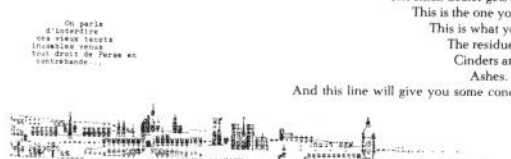

24
Peter Lauster
Begabungstests

Wo liegen Ihre Fähigkeiten und Talente?
Grafische Gestaltung: Kurt Heger
Deutsche Verlags-Anstalt, Stuttgart
Auflage 15 000. 128 Seiten. Pappband
DM 25,–

Format: 17 × 24 cm
Satzspiegel: 33 × 47 Cicero, zwei- und
　　dreispaltig
Schrift: Times-Antiqua und Univers,
　　Auszeichnungen: Futura. Filmsatz
　　(Monophoto)
Druck, Bindearbeit und Reproduktionen:
　　Deutsche Verlags-Anstalt GmbH,
　　Grafischer Großbetrieb, Stuttgart.
　　Offset
Papier: Holzfrei Offset 140 g/qm, über
　　Carl Berberich, Stuttgart
Typographie und Einband: Kurt Heger,
　　Stuttgart
Hersteller: Ute Amsel, Stuttgart

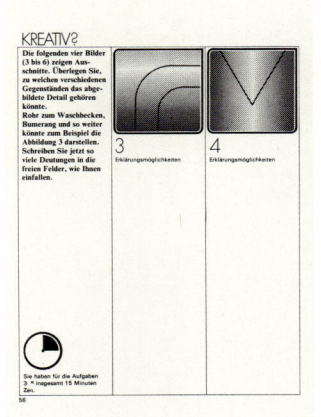

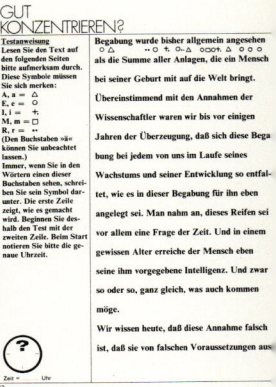

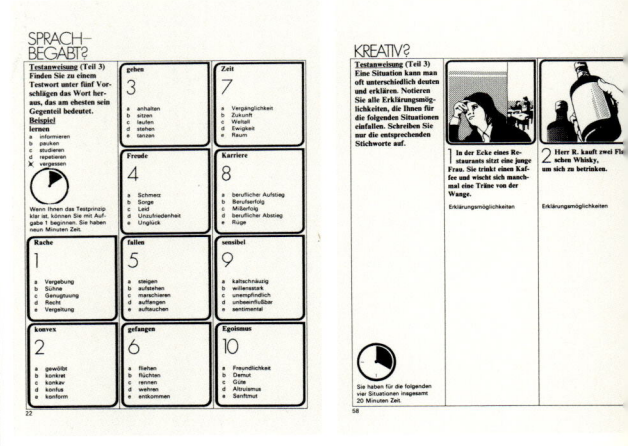

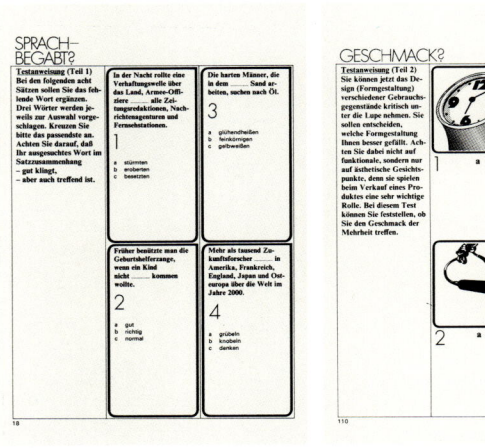

25
Ullstein
Lexikon des Rechts

Herausgegeben von Dr. Otto Gritschneder
Verlag Ullstein GmbH, Frankfurt am Main,
Berlin, Wien
Auflage 15 000. 536 Seiten mit 47
Abbildungen im Text. Leinen DM 24,–

Format: 13,7 × 20,5 cm
Satzspiegel: 25½ × 39 Cicero, zweispaltig
Schrift: Times-Antiqua 7/7 Punkt,
Auszeichnungen: Times halbfett, Kursiv.
Filmsatz (Linotron 505)
Satz: Aktino KG, Berlin
Druck und Bindearbeit: May & Co. Nachf.,
 Darmstadt. Offset
Reproduktionen: Fritz Haußmann KG,
 Darmstadt
Papier: Holzfrei Offset 80 g/qm, Papier-
 fabrik Seltmans, Seltmans/Allgäu
Einbandstoff: Frankenleinen, Bamberger
 Kalikofabrik, Bamberg
Typographie: Günter Hartmann, Berlin
Einband: Prof. Kurt Weidemann, Stuttgart
Schutzumschlag: Prof. Kurt Weidemann
 und Jürgen Riebling
Hersteller: Günter Hartmann

26
Justus Dahinden
Stadtstrukturen für morgen

Analysen Thesen Modelle
Verlag Gerd Hatje, Stuttgart
Auflage 6000. 220 Seiten mit
460 Abbildungen im Text. Leinen DM 68,–

Format: 22 × 25,5 cm
Satzspiegel: 44 × 51½ Cicero, dreispaltig
Schrift: Garamond-Antiqua 11/12 Punkt
   (Text) und 9/10 Punkt (Bildunter-
   schriften), Auszeichnungen: Garamond.
   Filmsatz (Monophoto)
Druck, Bindearbeit und Reproduktionen:
   Passavia AG, Passau. Offset
Papier: Holzfrei Offset 120 g/qm,
   Papierfabrik Salach, Salach/Württ.,
   über Bauer & Co., Nürnberg
Einbandstoff: Vienna-Leinen, über
   Peyer & Co., Stuttgart
Typographie und Einband: Gerd Hatje
   und Helga Danz, beide Stuttgart
Schutzumschlag: Felix P. Roth,
   Holzgerlingen
Hersteller: Helga Danz

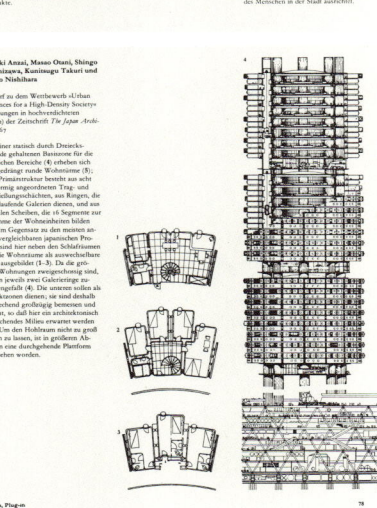

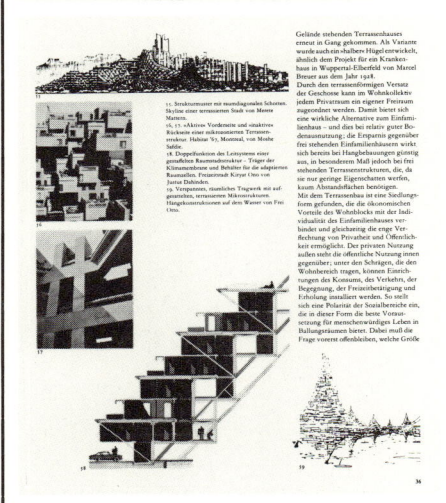

27
Typographie und Bibliophilie

Aufsätze und Vorträge über die Kunst
des Buchdrucks aus zwei Jahrhunderten
Ausgewählt und erläutert von Richard
von Sichowsky und Hermann Tiemann,
Maximilian-Gesellschaft, Hamburg
Auflage 1400. 272 Seiten mit 6 Seiten
Schriftbeispielen und 4 Abbildungen
im Text. Pappband DM 60,–

Format: 18 × 26,5 cm
Satzspiegel: 27 × 44 Cicero
Schrift: Jeder Beitrag ist in einer anderen
    Schrift gesetzt. Linotype und Monotype
Druck: F. Bruckmann KG, München;
    Hans Christians, Hamburg;
    Passavia AG, Passau. Buchdruck
Bindearbeit: Ladstetter, Hamburg
Reproduktionen: Galvanos: Dr.-Ing. Hans-
    karl Schwarz, Hamburg; Klischees:
    repro partner, Hamburg
Papier: Holzfrei Werkdruck 90 g/qm,
    Papierfabrik Seltmans GmbH,
    Seltmans/Allgäu
Einbandstoff: Roma-Bütten 130 g/qm,
    über Hermann Radecke, Hamburg
Typographie und Einband: Prof. Richard
    von Sichowsky, Hamburg

28
Reinhold Hohl
Alberto Giacometti

Verlag Gerd Hatje, Stuttgart
Auflage 10 500. 328 Seiten mit 4 Farbtafeln, 56 Schwarzweiß-Bildtafeln, 213 Schwarzweißabbildungen und 7 Textillustrationen. Leinen DM 89,–

Format: 24,5 × 29,7 cm
Satzspiegel: 48 × 50 Cicero, zweispaltig
Schrift: Garamond-Antiqua 10/13 Punkt (Text) und 8/10 Punkt (Anhang), Auszeichnungen: Garamond. Monotype
Satz: Héliographia S.A., Lausanne
Druck: Héliographia S.A., Lausanne. Buchdruck (Text und Farbtafeln) und Tiefdruck (Schwarzweißabbildungen); Imprimeries Populaires, Genf. Offset (Schwarzweiß-Bildtafeln)
Bindearbeit: Mayer & Soutter, Lausanne
Reproduktionen: Héliographia S.A., Lausanne; Imprimeries Populaires, Genf; Cliché Denz, Bern
Papier: Holzfrei Tiefdruck 140 g/qm, Papierfabriken Landquart, Landquart (Schweiz)
Einbandstoff: Vienna-Leinen, über Peyer & Co., Stuttgart
Typographie, Einband und Schutzumschlag: Gerd Hatje und Ruth Wurster, beide Stuttgart
Hersteller: Ruth Wurster

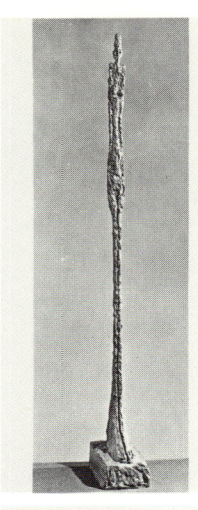

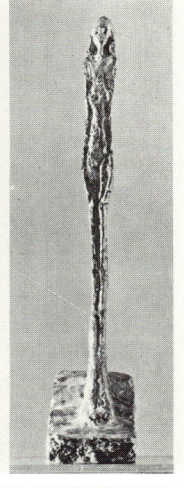

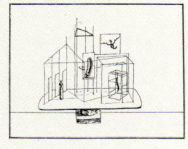

ALTENBOURG

ICH-GESTEIN

ALTENBOURG
ICH-GESTEIN
Arbeiten aus zwei Jahrzehnten

29
Altenbourg
Ich — Gestein

Arbeiten aus zwei Jahrzehnten
Mit einer Einführung von Erhart Kästner
Verlag Ullstein GnbH, Frankfurt am Main,
Berlin, Wien
Propyläen Verlag
Auflage 2000. 160 Seiten mit
64 Abbildungen nach Zeichnungen und
Gemälden verschiedener Techniken
Pappband DM 128,—

Format: 28 × 38 cm
Satzspiegel: 26 × 71 Cicero
Schrift: News Gothic 10/12 Punkt.
  Monotype
Druck: Adolph Fürst & Sohn, Berlin.
  Offset
Bindearbeit: Schöneberger Buchbinderei
  Stiller & Co., Berlin
Reproduktionen: Graphische Kunst- und
  Verlagsanstalt Gries KG, Ahrensburg
Papier: Holzfrei Offsetkarton 170 g/qm,
  über Adolf Hartmann, Berlin
Einbandstoff: Fabriano Roma-Bütten
  130 g/qm, über Drissler & Co.,
  Frankfurt am Main
Typographie und Einband: Hans Peter
  Willberg, Schwickershausen
Hersteller: Adalbert Reißner und Jürgen
  Stockmeier, beide Berlin

30
Johann Bauer
Kafka und Prag

Fotos: Isidor Pollak
Übersetzung aus dem Tschechischen von
  Vera Cerny
Chr. Belser Verlag, Stuttgart
Auflage 3000. 192 Seiten mit 62 Fotos
sowie 30 Abbildungen von Dokumenten
und Briefen. Leinen DM 38,–

Format: 19 × 33 cm
Satzspiegel: 24 × 63 Cicero,
  dazu Legenden
Schrift: Bembo 14/18 Punkt (Text) und
  9/12 Punkt (Legenden),
  Auszeichnungen: Bembo, Versalien
  und Kursiv. Monotype
Druck: Chr. Belser, Stuttgart. Offset
Bindearbeit: Großbuchbinderei Sigloch,
  Künzelsau
Reproduktionen: Reprotechnik, Inh. Hans
  Fritzel, Nellingen
Papier: Holzfrei mattgestrichen Bilder-
  druck 150 g/qm, Koninklijke Neder-
  landse Papierfabriek N.V., Maastricht,
  über Carl Berberich, Stuttgart
Einbandstoff: Record-Leinen, Bamberger
  Kalikofabrik, Bamberg
Typographie, Einband und Schutz-
  umschlag: Jaroslav Schneider, Prag
Hersteller: Alois Layer, Stuttgart

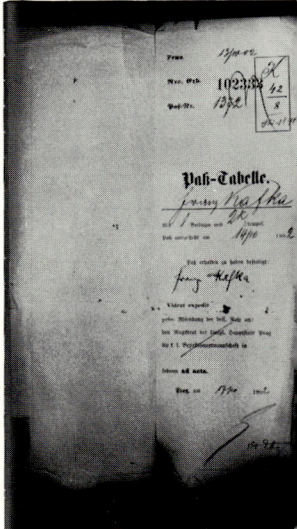

31
Rumpelstilzchen

Sechs Märchen der Brüder Grimm
Herausgegeben und bearbeitet von
Edith Harries unter Mitarbeit von
Ursula Mahlke
Illustrationen von Jutta Kirsch-Korn
Mein erstes Taschenbuch 11.
Ravensburger Taschenbücher
Otto Maier Verlag, Ravensburg
Auflage 30 000. 64 Seiten mit 44 vier-
farbigen Bildern. Broschiert DM 2,80

Format: 11,5 × 18 cm
Satzspiegel: 20 × 32 Cicero
Schrift: Palatino-Antiqua 12/16 Punkt,
  Auszeichnungen: Palatino. Filmsatz
  (Linofilm)
Satz: Chr. Belser, Stuttgart
Druck und Bindearbeit: Il Resto del
  Carlino, Officine Grafiche Poligrafici,
  Bologna. Offset
Reproduktionen: Seiler & Jehle, Augsburg
Papier: Holzfrei Offset 115 g/qm,
  Sottrici, Mailand
Typographie: Durch den Verlag
Schutzumschlag: Jutta Kirsch-Korn

Der älteste Sohn aber antwortete: „Wenn ich
dir meinen Kuchen und meinen Wein gebe,
habe ich selber nichts, geh deiner Wege."
Er ließ das Männlein stehen und ging fort.

Als er nun anfing, einen Baum zu schlagen,
fuhr ihm die Axt alsbald in den Arm, und
er mußte heimgehen und ihn verbinden.
Das war aber von dem Männlein gekommen.

50

Darauf ging der zweite Sohn in den Wald,
und die Mutter gab ihm wie dem ersten
einen Eierkuchen und eine Flasche Wein mit.
Als er in den Wald kam, begegnete ihm auch
das alte graue Männlein und bat ihn um ein
Stück Kuchen und um einen Schluck Wein.
Aber der zweite Sohn gab ihm auch nichts.
Er ließ das Männlein stehen und ging fort.

Als er nun anfing, einen Baum zu schlagen,
fuhr ihm die Axt alsbald in das Bein,
und er mußte nach Hause getragen werden.

Da sagte der Dummling: „Vater, laß mich
auch einmal hinausgehen und Holz hauen."
Der Vater antwortete: „Deine Brüder sind
dabei zu Schaden gekommen, du bleibst da.
Du verstehst nichts davon." Der Dummling
aber bat so lange, bis er endlich sagte:
„Geh nur, durch Schaden wirst du klug."

Dem Dummling gab die Mutter einen Kuchen,
der war mit Wasser in der Asche gebacken,
dazu bekam er eine Flasche saures Bier.

51

32
Wolfgang Weyrauch
Ein Clown sagt:

Denktexte für junge Leser
Fotografik von Günther Stiller
Verlag Julius Beltz. Programm Beltz &
Gelberg, Weinheim
Auflage 4000. 64 Seiten. Pappband
DM 6,–

Format: 12,8 × 18,7 cm
Satzspiegel: 24 × 34½ Cicero
Schrift: Times-Antiqua 14/16 Punkt. Filmsatz (Linofilm)
Druck und Reproduktionen: Beltz, Offsetdruck, Hemsbach über Weinheim. Offset
Bindearbeit: Fritz Wochner KG, Horb/Neckar
Papier: Holzfrei Offset BO 120 g/qm, Scheufelen, Oberlenningen
Typographie und Einband: Günther Stiller, Watzhahn
Hersteller: Gerd Ernst, Weiher

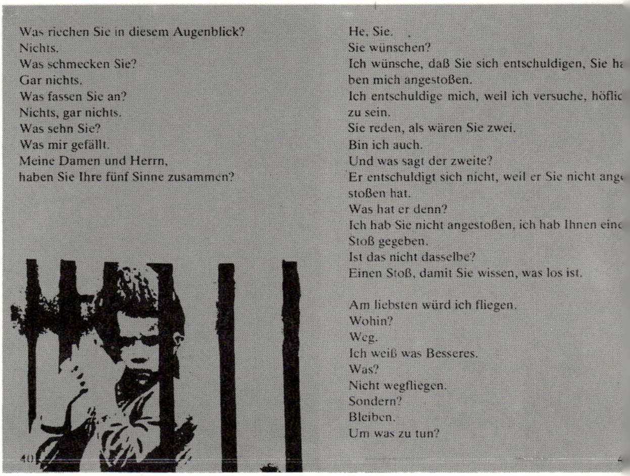

33
Das große Lalula

und andere Gedichte und Geschichten
von morgens bis abends
für Kinder
Zusammengestellt von Elisabeth Borchers
Verlag Heinrich Ellermann, München
Auflage 7700. 192 Seiten mit zahlreichen
Illustrationen. Broschiert DM 12,80

Format: 12,1 × 20,7 cm
Satzspiegel: wechselnd
Schrift: Diverse Schriften
Druck, Bindearbeit und Reproduktionen:
    Passavia AG, Passau. Offset
Papier: Holzfrei Werkdruck 90 g/qm,
    über Hartmann & Mittler, München
Einbandstoff: Chromoersatzkarton mit
    Aluminium-Folie
Typographie und Einband: Claus Calé,
    Frankfurt am Main
Hersteller: Manfred Lüer, Gräfelfing

Die Waggons – das sind die Stühle.
Die Lokomotive – das ist das Bett.
Und wenn Du das nicht glaubst,
Und wenn Du das nicht glaubst,
Und wenn Du das nicht glaubst,
Dann kannst Du auch nicht spielen.

Roman Sef

---

ottos mops

ottos mops trotzt
otto: fort mops fort
ottos mops hopst fort
otto: soso

otto holt koks
otto holt obst
otto horcht
otto: mops mops
otto hofft

ottos mops klopft
otto: komm mops komm
ottos mops kommt
ottos mops kotzt
otto: ogottogott

ernst jandl

Wenn man
eine 8
umwirft
dann sieht
es so ∞
aus ...

h. c. artmann

34
Janosch
Flieg Vogel flieg

Parabel Verlag, München
Auflage 20000. 40 Seiten. Pappband
DM 12,80

Format: 27 × 26 cm
Satzspiegel: wechselnd
Schrift: Berlin 14/16 Punkt und Folio
 12/14 Punkt. Filmsatz (Fototronic)
Satz: Harris-Intertype GmbH, Berlin
Druck, Bindearbeit und Reproduktionen:
 Il Resto del Carlino, Officine Grafiche
 Poligrafici, Bologna. Offset
Papier: Holzfrei mattgestrichen Offset
 120 g/qm
Typographie: Peter Weismann, München
Einband: Janosch (Horst Eckert),
 München
Hersteller: Peter Weismann

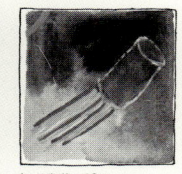

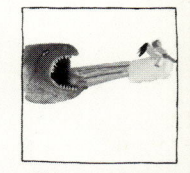

Jetzt kommen Josette Zweifel. »Wie heißen Bilder?«
Der Papa antwortet: »Bilder? Wie Bilder heißen? Man darf nicht ›Bilder‹ sagen, man muß sagen: ›Bilder‹.«
Jacqueline kommt herein. Josette stürzt zu ihr und sagt: »Jacqueline, weißt du was? Bilder sind nicht Bilder, Bilder sind Bilder!«
Jacqueline sagt: »Ach, wieder das dumme Zeug von ihrem Papa! Natürlich, meine Kleine, Bilder heißen nicht Bilder, sie heißen Bilder.«
Darauf sagt der Papa zu Jacqueline: »Genau dasselbe hat Josette Ihnen gesagt.«
»Nein«, sagt Jacqueline, »sie sagt das Gegenteil.«
»Nein«, sagt der Papa zu Jacqueline, »das Gegenteil sagen Sie.«
»Nein, Sie!«
»Nein, Sie!«
»Ihr sagt alle beide das gleiche!« sagt Josette.

Die Haushälterin Jacqueline hat Josette auch gesagt, die Mama wäre mit ihrem rosa Regenschirm und ihren rosa Handschuhen ausgegangen und mit ihren rosa Schuhen und ihrem rosa Blumenhut und ihrer rosa Handtasche mit dem kleinen Taschenspiegel und mit ihrem hübschen geblümten Kleid und mit ihrem schönen geblümten Mantel und mit ihren schönen geblümten Strümpfen und mit einem schönen Blumenstrauß in der Hand. Die Mama ist sehr kokett. Die Mama hat schöne Augen wie zwei Blumen. Sie hat einen Mund wie eine Blume. Sie hat eine ganz kleine rosa Nase wie eine kleine Blume. Sie hat Haare wie Blumen, und sie hat Blumen im Haar.

Und dann kommt die Mama. Sie ist wie eine Blume mit ihrem Blumenstrauß und dem geblümten Kleid und der geblümten Handtasche und dem Blumenhut und mit ihren Blumenaugen und ihrem Blumenmund.
»Wo warst du denn so früh?« fragt der Papa.
»Blumen pflücken«, sagt die Mama.
Und Josette sagt: »Mama, du hast die Wand geöffnet!«

35
Eugène Ionesco
Bilder von Etienne Delessert
Geschichte Nummer 2

Geschichten für Kinder unter drei Jahren
Deutsch von Herbert Asmodi
Gertraud Middelhauve Verlag, Köln
Auflage 4100. 24 Seiten. Pappband
DM 14,80

Format: 21,3 × 27,7 cm
Satzspiegel: 41 Cicero breit
Schrift: Garamond-Antiqua 26/28 Punkt.
 Filmsatz (Diatype)
Satz und Bindearbeit: Mohndruck,
 Gütersloh
Druck und Reproduktionen: Les Presses
 Saint-Augustin, Brügge. Offset
Papier: Holzfrei maschinengestrichen
 Offset 140 g/qm, Papeteries du Souche
 (Frankreich)
Typographie und Einband: Etienne
 Delessert, New York

36
Ivor Cutler
Bilder von Helen Oxenbury
Das erste Frühstück

Eine Geschichte für wilde und hungrige Kinder
Aus dem Englischen von Anja Broschek
Broschek Verlag, Hamburg
Auflage 5000. 32 Seiten. Pappband
DM 11,—

Format: 15,5 × 23,5 cm
Satzspiegel: wechselnd
Schrift: Amsterdamer Garamont
    14/17 Punkt. Filmsatz (Diatype)
Satz: Alfred Utesch, Hamburg
Druck, Bindearbeit und Reproduktionen:
    Colour Reproductions Limited,
    Billericay/Essex (England). Offset
Papier: Holzfrei Offset
Typographie und Einband: Durch den
    Verlag
Hersteller: Henning Wendland, Hamburg

Da ging Frau MacHerbert zur Küchenuhr und stellte sie eine Stunde zurück.

Der Pflaumenbaum verschwand.

Helbert steckte die Pflaume wieder in den Mund, zerkaute sie und spuckte den Stein aus.
»Wir wollen ihn einpflanzen, Mama.«
»Wo?«
»Unter dem Bett.« Er lachte, reckte und streckte sich. Dann kroch auch Helbert unter das Bett. Beide machten sich daran, ein Loch in den Fußboden zu schneiden. Helbert hackte mit dem Brotmesser ins Holz und brach große Splitter heraus. Seine Mutter füllte die Splitter mit einem Teelöffel in ein leeres Kirschenglas. Wie wunderbar die Mutter immer nach Rosen, Gras und Abwaschmittel roch!
Bald war da ein großes Loch. Helbert ließ den Stein hineinfallen, seine Mutter warf etwas Erde dazu und goß ein wenig Wasser darüber. Dann warteten sie. Nach ein paar Sekunden sah Helbert in das Loch.
»Regt sich da unten irgendwas?« fragte die Mutter.
»Nein!« antwortete er traurig und schüttelte den Kopf.
»Nun«, sagte sie, »wir wollen ihn bitten, daß er sich beeilt«, und sie stieß mit dem Kopf gegen die Sprungfedern der Matratze.
Dann riefen beide: »O Stein! O mächtige Pflaume, laß Wurzeln und Sprößlinge wachsen! Werde zu einem Pflaumenbaum mit vielen Pflaumen!«

»Erstes Frühstück, wir kommen!« riefen sie, und die Mutter stieß mit dem Fuß die Türe auf.
»Um Himmels Willen!«

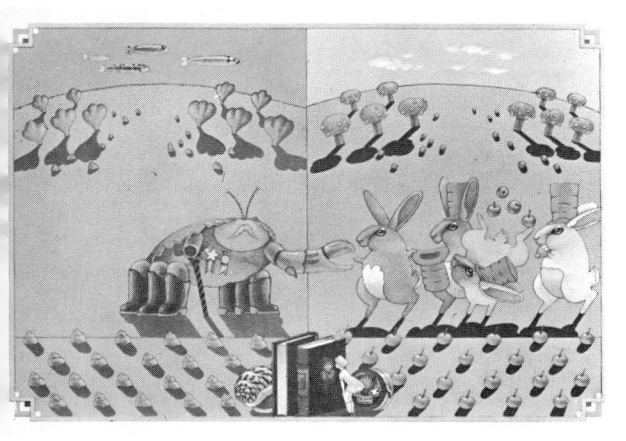

37
Richard Hughes
Bilder von Nicole Claveloux
Gertrude und das Meermädchen

Deutsch von Dörthe Marggraf und
Uwe Friesel
Gertraud Middelhauve Verlag, Köln
Auflage 4750. 32 Seiten. Pappband
DM 13,50

Format: 25,2 × 17,7 cm
Satzspiegel: 52,2 × 35,5 Cicero,
    zweispaltig
Schrift: Galaxy Light 16/18 Punkt.
    Filmsatz (Diatronic)
Satz: J. Fink, Stuttgart
Druck: J. Fink, Stuttgart (Text);
    Les Presses Saint-Augustin, Brügge
    (Bilder). Offset
Bindearbeit: Les Presses Saint-Augustin,
    Brügge
Reproduktionen: Graphotex, Brüssel
Papier: Holzfrei mattgestrichen Offset
    Dacapo 135 g/qm, Koninklijke Neder-
    landse Papierfabriek N.V., Maastricht,
    über Carl Berberich, Stuttgart
Typographie und Einband: Gotthard de
    Beauclair, Frankfurt am Main, und
    Heinz Richter, Steinheim; Nicole
    Claveloux, Paris

Vor dem Einschlafen erzählten sie sich Geschichten. Das Meermädchen erzählte Gertrude, was die weise Uralt-Krabbe-Mit-Der-
Einen-Zange alles konnte. Sie war das klügste
Wesen auf dem ganzen Meeresgrund. Und
Gertrude erzählte Land-Geschichten, die sie
von dem kleinen Mädchen gehört hatte: Wie
die kleinen Kaninchen ganz frühmorgens im
Apfelbaumgarten herumknabberten und um-
herhoppelten und wie das kleine Mädchen
einmal all seine Schulbücher mit schwarzer
Schuhcreme poliert hatte, damit sie hübscher
aussahen.

38
Unsere Welt

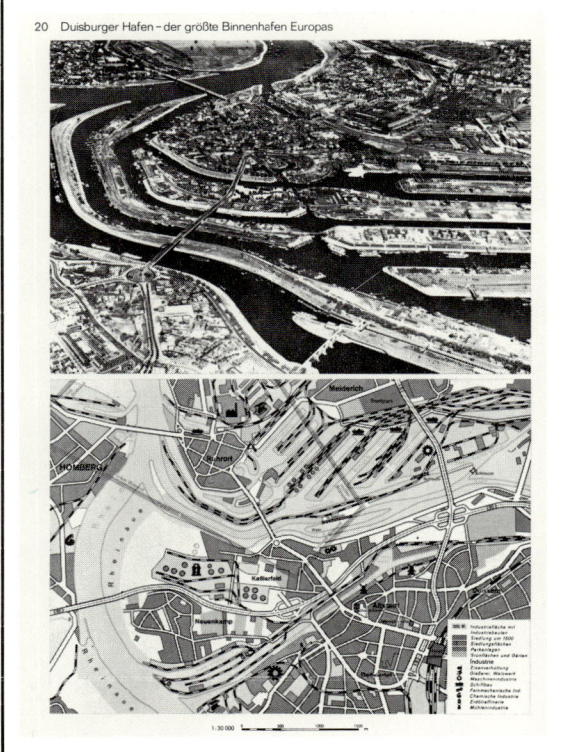

Grundschulatlas Nordrhein-Westfalen
Herausgegeben von Werner G. Mayer und
Prof. Dr. Erika Wagner
Reliefs: Dr. Fritz Hölzel, Rheda
Graphik: Dr. Fritz Hölzel, Rheda; Elfi und
Kurt Wendlandt, Berlin
Geographische Verlagsgesellschaft
Velhagen & Klasing und
Hermann Schroedel, Berlin
Auflage 50000. 40 Seiten. Broschiert
DM 7,80

Format: 22,9 × 32,2 cm
Satzspiegel: 45 × 67 Cicero
Schrift: Folio und Helvetica, verschiedene
　Schriftgrade. Diatype, Linotype
Druck: Gebr. Feyl, Berlin. Offset
Bindearbeit: Fritzsche-Ludwig KG, Berlin
Reproduktionen: Velhagen & Klasing und
　Schroedel Geographisch-
　Kartographische Anstalt GmbH,
　Bielefeld; Rembert Faesser, Berlin
Papier: Landkartenoffset 100 g/qm,
　Gebr. Buhl, Ettlingen
Einbandstoff: Efalin, Zanders Feinpapiere
　GmbH, Bergisch Gladbach, über
　Heinz Pohl, Berlin
Typographie: Dr. Hans Weymar, Berlin,
　und Dr. Walter Thauer, Bielefeld
Einband: Knut Waisznor, Berlin

39
Anpassung oder Wagnis

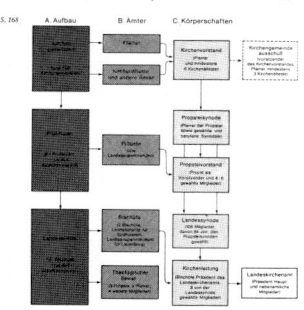

Materialien für den Religionsunterricht
in der Sekundarstufe I
Mit zahlreichen Fotos sowie Zeichnungen
von Karl Schilling, Frankfurt am Main
Verlag Moritz Diesterweg, Frankfurt
am Main
Auflage 25 000. 224 Seiten. Broschiert
DM 9,80

Format: 18 × 22,7 cm
Satzspiegel: 27 × 41 Cicero
Schrift: Sabon-Antiqua 9/11 Punkt und
  8/10 Punkt, Auszeichnungen: Sabon-
  Kursiv, Kapitälchen. Linotype
Notensatz: LoRo Seyffer, Nellingen-
  Eßlingen
Druck: Georg Appl, Wemding. Offset
Bindearbeit: Münchner Industrie-
  buchbinderei U. Meister, München
Reproduktionen: Reprographia, Lahr, und
  Bauersche Gießerei, Frankfurt am Main
Papier: Holzfrei mattgestrichen Samt-
  offset 90 g/qm, Papeteries Condat,
  über G. Schneider & Söhne,
  Frankfurt am Main
Einbandstoff: Snolin, über Peyer & Co.,
  Stuttgart
Typographie: Heino Nöbel, Hofheim
Einband: Hetty Krist-Schulz,
  Frankfurt am Main
Hersteller: Heino Nöbel

40
Mathematische Impulse

Differenzierendes Unterrichtswerk
für die Schuljahre 5 und 6
von Arnold Fricke u.a.
Grundbuch 5. Schuljahr
Ernst Klett Verlag, Stuttgart
Auflage 66 000. 112 Seiten mit
270 Abbildungen. Linson DM 7,80

Format: 20 × 22,6 cm
Satzspiegel: 38½ × 41 Cicero
Schrift: Bodoni-Antiqua 11/12 Punkt,
    Auszeichnungen: Bodoni, Kursiv und
    halbfett. Filmsatz (Lumitype)
Druck und Bindearbeit: Ernst Klett,
    Stuttgart. Offset
Reproduktionen: Wolfgang Gölz,
    Ludwigsburg
Papier: Leicht holzhaltig Offset 90 g/qm,
    C.B. Donizelli, Mailand, über Jürgen W.
    Kretzschmar, Stuttgart
Einbandstoff: Linson, über Peyer & Co.,
    Stuttgart
Typographie: Durch den Verlag
Einband: Hans Lämmle, Stuttgart
Hersteller: Manfred Muraro, Stuttgart

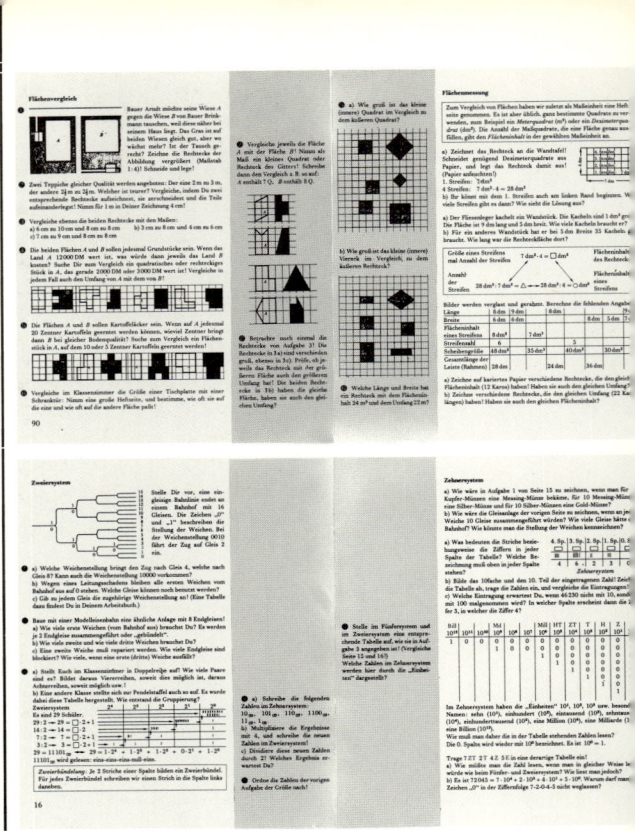

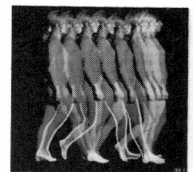

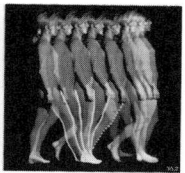

41
Der Mensch

Ausgabe A/B
von Dieter Blume/Gerhard Fels u.a.
Lehrsystem Menschenkunde
Ernst Klett Verlag, Stuttgart
Auflage 66 000. 192 Seiten mit 166 Fotos und 143 Zeichnungen im Text. Linson DM 13,80

Format: 20 × 22,6 cm
Satzspiegel: 37 × 41 Cicero, ein- und zweispaltig
Schrift: Times-Antiqua 9/11 Punkt,
Auszeichnungen: Times Versalien, Kursiv, halbfett. Filmsatz (Monophoto)
Druck und Bindearbeit: Ernst Klett, Stuttgart. Offset
Reproduktionen: Klischee- und Litho-Anstalt Georg Lang, Frankfurt am Main
Papier: Fast holzfrei maschinengestrichen Bilderdruck 90 g/qm, MD Papierfabriken Heinrich Nicolaus GmbH, München
Einbandstoff: Linson, über Peyer & Co., Stuttgart
Typographie: Theo Homolka, Böblingen
Einband: Hans Lämmle, Stuttgart
Hersteller: Hubert Blana, Stuttgart

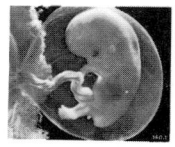

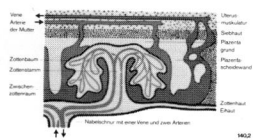

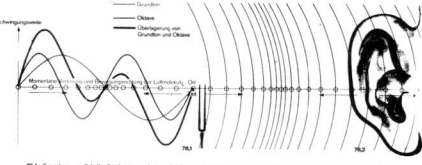

42
Die Darmstädter Pessach-Haggadah

Codex Orientalis 8 der Hessischen
Landes- und Hochschulbibliothek
Darmstadt
Erläutert und mit Anmerkungen versehen
von Joseph Gutmann, Hermann Knaus,
Paul Pieper und Erich Zimmermann
Verlag Ullstein GmbH, Frankfurt am Main,
Berlin, Wien
Propyläen Verlag
Auflage 600. Faksimile: 116 Seiten,
Kommentarband: 136 Seiten und
2 Kunstdrucktafeln. Halbleder DM 2400,–

Format: 26 × 35,5 cm
Satzspiegel: 34 × 49½ Cicero
   (Kommentar)
Schrift: Bembo 16/20 Punkt,
   Auszeichnungen: Kursiv. Filmsatz
   (Monophoto)
Druck: Faksimile: Adolph Fürst & Sohn,
   Berlin. Buchdruck und Goldprägedruck: Willy Pingel, Heidelberg. Höhung
   des Goldprägedrucks (23 Karat Echtgold-Folie von Leonhard Kurz, Fürth).
   Kommentar: Joh. Enschedé en Zonen,
   Haarlem (Niederlande). Offset
Bindearbeit: Willy Pingel, Heidelberg
Reproduktionen: Fritz Haußmann KG,
   Darmstadt
Papier: Faksimile: Holzfrei Kunstdruck
   ADC II/II 120 g/qm, Scheufelen,
   Oberlenningen; Kommentar: aquarel
   torchon velin 150 g/qm, van Gelder,
   Amsterdam
Einbandstoff: Buchgewebe AF, über Gebr.
   Schabert, Bamberg; Kalbleder, Franz
   Hoffmann, Stuttgart
Typographie: Gotthard de Beauclair,
   Frankfurt am Main (Kommentar)
Einband: Willy Pingel und Torborg
   Oeftering, beide Heidelberg
Hersteller: Adalbert Reißner, Berlin

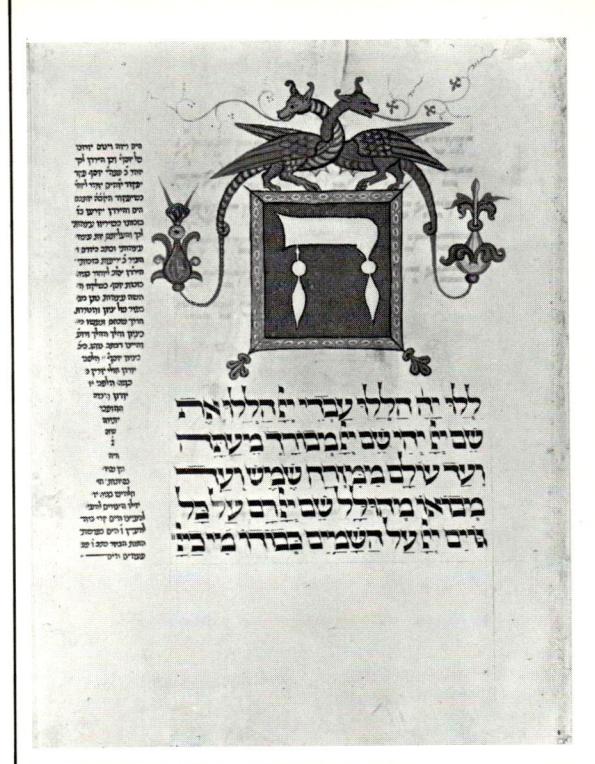

DIE DARMSTÄDTER
PESSACH-HAGGADAH

CODEX ORIENTALIS 8
DER HESSISCHEN LANDES- UND
HOCHSCHULBIBLIOTHEK DARMSTADT
ERLÄUTERT UND MIT
ANMERKUNGEN VERSEHEN VON
JOSEPH GUTMANN · HERMANN KNAUS
PAUL PIEPER UND
ERICH ZIMMERMANN

BERLIN
PROPYLÄEN VERLAG

43
einsam gemeinsam
ode von eugen gomringer
fünf prägedrucke von
günther uecker

hundertdruck X
Guido Hildebrandt Verlag, Duisburg
Auflage 100. 32 Seiten. Pappband
DM 400,–

Format: 27 × 40 cm
Satzspiegel: wechselnd
Schrift: Futura-Buch 2 Cicero und
   1 Cicero. Handsatz
Druck und Bindearbeit: Tünn Konerding,
   Essen. Handprägedruck
Papier und Einbandstoff: Kupferdruck-
   bütten 230 g/qm, Hahnemühle, Dassel,
   über Papierhandlung Peterke, Essen
Typographie und Einband:
   Tünn Konerding, Essen
Hersteller: Tünn Konerding

44
Gottfried Benn
Aus dem Oratorium
„Das Unaufhörliche"

Mit 12 Holzstichen von Otto Rohse
Maximilian-Gesellschaft, Hamburg
Auflage 1300. 32 Seiten. Pappband
DM 120,–

Format: 24 × 32 cm
Satzspiegel: wechselnd
Schrift: Schneidler-Mediaeval
   14/16 Punkt. Handsatz
Druck: Handpressendruck der Otto
   Rohse Presse, Hamburg. Buchdruck
Bindearbeit: Christian Zwang, Hamburg
Papier: Zerkall-Bütten 175 g/qm, Papier-
   fabrik Zerkall Renker u. Söhne, Zerkall,
   über Hermann Radecke, Hamburg
Einbandstoff: Bugra-Bütten,
   über Hermann Radecke, Hamburg
Typographie: Otto Rohse
Einband: Otto Rohse und Christian
   Zwang, beide Hamburg

Knabenchor

So sprach das Fleisch zu allen Zeiten:
Nichts gibt es als das Satt- und Glücklichsein!
Uns aber soll ein andres Wort begleiten:
Das Ringende geht in die Schöpfung ein.

Das Ringende, von dem die Glücke sinken,
das Schmerzliche, um das die Schatten wehn,
die Lechzenden, die aus zwei Bechern trinken,
und beide Becher sind voll Untergehn.

Des Menschen Gieriges, das Fraß und Paarung
als letzte Schreie durch die Welten ruft,
verwest an Fetten, Falten und Bejahrung,
und seine Fäulnis stößt es in die Gruft.

Das Leidende wird es erstreiten,
das Einsame, das Stille, das allein
die alten Mächte fühlt, die uns begleiten -:
Und dieser Mensch wird unaufhörlich sein.

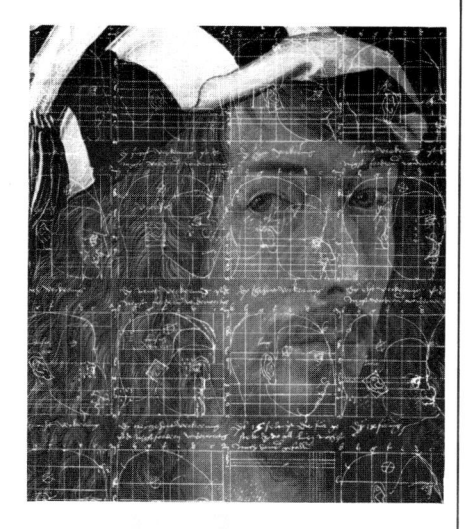

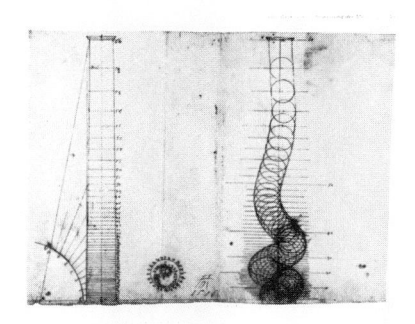

45
Albrecht Dürer 1471 1971

Ausstellungskatalog des Germanischen
Nationalmuseums Nürnberg
Bearbeitet von Peter Strieder u.a.
Prestel-Verlag, München
Auflage 78 000. 414 Seiten mit 16 Farbtafeln und 174 ein- und zweifarbigen
Abbildungen. Broschiert DM 20,–

Format: 21 × 25 cm
Satzspiegel: 41½ × 47 Cicero, zwei- und
 dreispaltig
Schrift: Univers 8½/9 Punkt (Katalog)
 und 8/9 Punkt (Register), Auszeichnungen: Univers Versalien,
 halbfett, Kursiv. Monotype
Druck: Druckhaus Nürnberg. Offset
Bindearbeit: Graphische Betriebe
 R. Oldenbourg, München
Reproduktionen: Wittemann + Küppers
 KG, Frankfurt am Main (Farbtafeln);
 Brend'amour, Simhart & Co., München
 (ein- und zweifarbige Abbildungen)
Papier: Holzfrei Offset BBOT 110 g/qm
 (Text), Scheufelen, Oberlenningen;
 holzfrei matt Kunstdruck IKONOREX
 135 g/qm (Farbtafeln), über
 Hartmann & Mittler, München
Einbandstoff: Holzfrei Kunstdruckkarton
 300 g/qm, über Carl Berberich,
 Ottobrunn
Typographie: Eugen Sporer und Barbara
 Schlottke, beide München
Schutzumschlag: Eugen Sporer nach dem
 Ausstellungsplakat von Heinz Wolf,
 Nürnberg
Hersteller: Barbara Schlottke, München

46
Antes
Bilder 1965-1971

Ausstellungskatalog
Herausgegeben von der Staatlichen
Kunsthalle Baden-Baden
Redaktion: Klaus Gallwitz
Auflage 4000. 122 Seiten mit 107 farbigen
Abbildungen. Broschiert DM 20,–

Format: 24 × 32 cm
Satzspiegel: 40 × 57½ Cicero, dreispaltig
Schrift: Leichte Helvetica 9/10 Punkt.
   Linotype
Druck und Bindearbeit: Dr. Cantz'sche
   Druckerei, Stuttgart-Bad Cannstatt.
   Offset (Abbildungen) und Buchdruck
   (Text)
Reproduktionen: Willy Berger, Stuttgart-
   Feuerbach
Papier: Holzfrei Offset BO 150 g/qm,
   Scheufelen, Oberlenningen
Typographie und Einband: Prof. Horst
   Antes, Wolfartsweier
Hersteller: Otto Drechsel, Stuttgart

47
Baumeister

Dokumente, Texte, Gemälde
Ausstellungskatalog der Kunsthalle
Tübingen
Herausgegeben und bearbeitet von
Götz Adriani
Auflage 2000. 258 Seiten mit 45 Fotos,
25 Farbtafeln und 64 Schwarzweiß-
abbildungen. Broschiert DM 20,–

Format: 24,5 × 29,5 cm
Satzspiegel: 42 × 51 Cicero, ein- und
   zweispaltig
Schrift: Helvetica halbfett 9/11 Punkt.
   Linotype
Druck und Bindearbeit: Dr. Cantz'sche
   Druckerei, Stuttgart-Bad Cannstatt.
   Offset
Reproduktionen: Willy Berger, Stuttgart-
   Feuerbach, und Willy Hirsch, Stuttgart
Papier: Holzfrei Offset BO 150 g/qm,
   Scheufelen, Oberlenningen
Typographie und Einband:
   Dr. Götz Adriani, Tübingen

48
Ein Fürst im Reich der Lettern

Fototypografie/Diatype
Herausgeber: Adolph Fürst & Sohn,
Typographische Anstalt, Berlin
Auflage 2000. 174 Seiten. Pappband mit
Kunststoffüberzug und Ringmechanik
DM 54,–

Format: 31 × 31 cm
Satzspiegel: 49 × 56 Cicero, ein-, zwei-
   und dreispaltig
Schrift: 78 verschiedene Schriften, je von
   4 bis 36 Punkt, für 78 Mustertexte.
   Diatype
Druck, Bindearbeit und Reproduktionen:
   Adolph Fürst & Sohn, Berlin. Offset
Papier: Holzfrei Offset 170 g/qm,
   Hannoversche Papierfabriken, Alfeld-
   Gronau, über Edmund Obst & Co.,
   Berlin
Typographie und Einband: Christian Lege,
   Berlin
Hersteller: Dietrich Meißner, Berlin

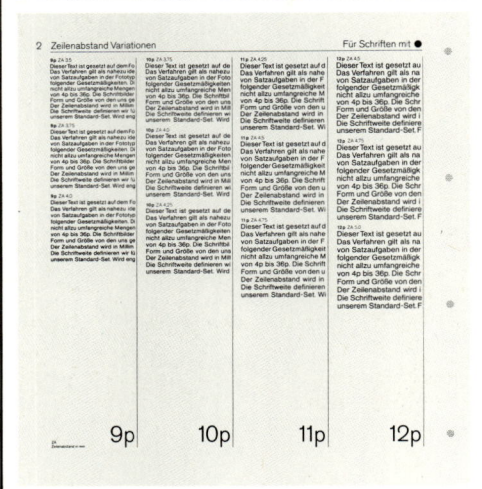

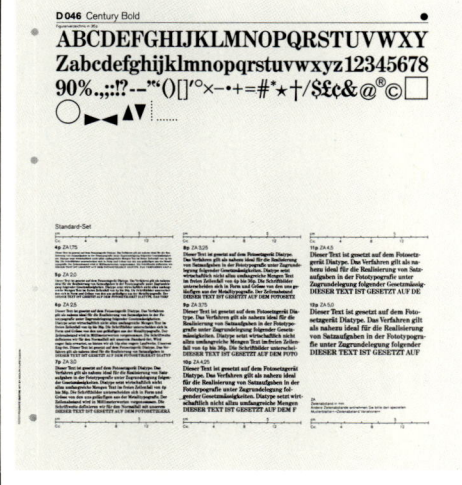

**49
Hundertfach**

Bericht einer Betrachtung
Herausgeber: Elsnerdruck KG, Berlin
Gestaltung: Bodo Köchel, Redaktion: Ehrhard Frühsorge, beide bei der DORLAND Werbeagentur GWA, Berlin
Auflage 2000. 58 Seiten. Buchschraubenbindung mit Plastikschiene. Nicht im Handel

Format: 30 × 30 cm
Satzspiegel: wechselnd
Schrift: Diverse Schriften. Filmsatz (Diatype und Diatronic)
Druck, Bindearbeit und Reproduktionen: Elsnerdruck KG, Berlin. Offset
Papier: Holzfrei Offset 190 g/qm, Papierwerke Waldhof-Aschaffenburg AG, Mannheim
Einbandstoff: Hostaphan, Kalle Aktiengesellschaft, Wiesbaden, über Walter Hönicke, Berlin; Chromolux Silber, Zanders Feinpapiere GmbH, Bergisch Gladbach, über E. Michaelis & Co., Berlin
Typographie, Einband und Schutzumschlag: Bodo Köchel, Berlin
Hersteller: Bodo Köchel, Berlin

Verfasser- und Titelverzeichnis

Adorno, Theodor W. Eine Auswahl 7
Altenbourg. Ich – Gestein 29
Anpassung oder Wagnis. Materialien für den Religionsunterricht 39
Antes. Bilder 1965-1971. Ausstellungskatalog 46
Ernst Barlach. Werkkatalog der Zeichnungen 15
Bauer, Johann: Kafka und Prag 30
Bauer, Wolfgang: China und die Hoffnung auf Glück 10
Baumeister. Dokumente, Texte, Gemälde. Ausstellungskatalog 47
Benn, Gottfried: Aus dem Oratorium „Das Unaufhörliche" 44
Bergsträsser, Gisela: Darmstadt, eine bürgerliche Residenz 20
Blume, Dieter/Fels, Gerhard u.a.: Der Mensch. Ausgabe A/B 41
Cutler, Ivor: Das erste Frühstück 36
Dahinden, Justus: Stadtstrukturen für morgen 26
Dorst, Tankred: Sand. Ein Szenarium 1
Albrecht Dürer 1471 1971. Ausstellungskatalog 45
Dürr, Alfred: Die Kantaten von Johann Sebastian Bach 17
Fricke, Arnold u.a.: Mathematische Impulse 40
Ein Fürst im Reich der Lettern. Fototypografie/Diatype 48
gomringer, eugen: einsam gemeinsam 43
Peer Gynt. Ein Schauspiel aus dem neunzehnten Jahrhundert 19
Handbuch des Buchhandels. Band III: Sortimentsbuchhandel 16
Hegel, G.W.F.: Werke in zwanzig Bänden 2
Hohl, Reinhold: Alberto Giacometti 28
Horror. Gruselgeschichten aus alter und neuer Zeit 6
Hughes, Richard: Gertrude und das Meermädchen 37
Hundertfach. Bericht einer Betrachtung 49
Ionesco, Eugène: Geschichte Nummer 2 35
Janosch: Flieg Vogel flieg 34
Der Kosmos-Vogelführer. Die Vögel Deutschlands und Europas in Farbe 21
Kracht, Rudolf H.: Technische Begriffe aus der Werkstatt 18
Das große Lalula und andere Gedichte und Geschichten 33
Lauster, Peter: Begabungstests 24
Literatur im Klassenkampf. Zur proletarisch-revolutionären Literaturtheorie 1919-1923 9
Massin: Buchstabenbilder und Bildalphabete 23
Innere Medizin. Ein Lehrbuch für Studierende der Medizin und Ärzte 12
Mörike, Eduard: Werke und Briefe. Gesamtausgabe. Fünfter Band: Maler Nolten 13
Die Darmstädter Pessach-Haggadah 42
Rumpelstilzchen. Sechs Märchen der Brüder Grimm 31
Schupp, Dieter: Seelsorgereport 5
Sembach, Klaus-Jürgen: Stil 1930 22
Bohumil Štěpáns Familienalbum 11
Stössel, Jürgen Peter: Ich gestehe daß ich bestreite 3
Taccola, Mariano: De Machinis 14
Typographie und Bibliophilie 27
Ullstein Lexikon des Rechts 25
Warhol, Andy: Blue Movie 4
Unsere Welt. Grundschulatlas Nordrhein-Westfalen 38
Weyrauch, Wolfgang: Ein Clown sagt: 32
wolf, ror: mein famili 8

Verzeichnis der Verlage

Bärenreiter-Verlag, Kassel 17
Belser, Chr., Stuttgart 30
Beltz, Julius, Weinheim. Programm
    Beltz & Gelberg 32
Bertelsmann, Gütersloh. Verlag für
    Buchmarkt-Forschung, Hamburg 16
Broschek Verlag, Hamburg 36
Büchergilde Gutenberg,
    Frankfurt am Main 6, 7
Deutsche Verlags-Anstalt, Stuttgart 18, 24
Deutscher Taschenbuch Verlag,
    München 11, 17
Diesterweg, Moritz, Frankfurt am Main 39
Ellermann, Heinrich, München 33
Elsnerdruck KG, Berlin 49
Emig, Hermann, Amorbach 20
Franckh'sche Verlagshandlung, Stuttgart.
    Kosmos, Gesellschaft der Naturfreunde 21
Fürst & Sohn, Adolph, Berlin 48
Geographische Verlagsgesellschaft
    Velhagen & Klasing und
    Hermann Schroedel, Berlin 38
Gütersloher Verlagshaus Gerd Mohn,
    Gütersloh 5
Hanser, Carl, München 9, 10
Harrassowitz, Otto, Wiesbaden 14
Hatje, Gerd, Stuttgart 26, 28
Hauswedell & Co., Dr. Ernst, Hamburg 15
Hentrich, Albert, Berlin 19
Hildebrandt, Guido, Duisburg 43
Kiepenheuer & Witsch, Köln 1, 4
Klett, Ernst, Stuttgart 13, 40, 41
Kunsthalle Tübingen 47
Langewiesche-Brandt KG, Ebenhausen bei
    München 3
Maier, Otto, Ravensburg 23, 31
Matthias-Grünewald-Verlag, Mainz 5
Maximilian-Gesellschaft, Hamburg 27, 44
Middelhauve, Gertraud, Köln 35, 37
Parabel Verlag, München 34
Prestel-Verlag, München 45
Propyläen Verlag, Berlin 29, 42
Reichert, Dr. Ludwig, Wiesbaden 14
Schaubühne am Halleschen Ufer, Berlin 19
Springer-Verlag, Berlin, Heidelberg,
    New York 12
Staatliche Kunsthalle, Baden-Baden 46
Suhrkamp Verlag, Frankfurt am Main 2, 8
Ullstein GmbH, Berlin 25
Wasmuth, Ernst, Tübingen 22

Verzeichnis der Verlagshersteller

Amsel, Ute, Stuttgart 24
Blana, Hubert, Stuttgart 41
Danz, Helga, Stuttgart 26
Drechsel, Otto, Stuttgart 46
Entrup, Barbara, Frankfurt am Main 2
Ernst, Gerd, Weiher/Odenwald 32
Gohl, Christine, Stuttgart 18
Gründler, Martha, Heidelberg 12
Hartmann, Günter, Berlin 25
Heinrich, Manfred, Reutlingen 22
Helwig, Theo L., Köln 1, 4
Höch, Uwe, Stuttgart 21
Köchel, Bodo, Berlin 49
Konerding, Tünn, Essen 43
Layer, Alois, Stuttgart 30
Lüer, Manfred, Gräfelfing 33
Meißner, Dietrich, Berlin 48
Meurer, Hansjürgen, Gütersloh 5
Muraro, Manfred, Stuttgart 40
Naber, Manfred, Berlin 2
Nöbel, Heino, Hofheim 39
Nolting, Gerhard, Gütersloh 16
Päglow, Otto, Bad Homburg 6
Pohle, Gerhard, Stuttgart 13
Reißner, Adalbert, Berlin 29, 42
Riedel, Helga, Frankfurt am Main 8
Schlottke, Barbara, München 45
Seitz, Claus J., München 9, 10
Seuss, Juergen, Frankfurt am Main 7
Stockmeier, Jürgen, Berlin 29
Wachinger, Kristof, Ebenhausen 3
Weismann, Peter, München 34
Wendland, Henning, Hamburg 36
Wurster, Ruth, Stuttgart 28

Verzeichnis der Buchkünstler

Adriani, Dr. Götz, Tübingen 47
Antes, Prof. Horst, Wolfartsweier 46
Baum, Walter 23
de Beauclair, Gotthard,
 Frankfurt am Main 37, 42
Calé, Claus, Frankfurt am Main 33
Claveloux, Nicole, Paris 37
Dambacher, Edgar, Stuttgart 21
Danz, Helga, Stuttgart 26
Delessert, Etienne, New York 35
Dommes, Gisela 23
Eisenschink, W., Heidelberg 12
Fleckhaus, Willy, Köln 8
Gohl, Christine, Stuttgart 18
Hartmann, Günter, Berlin 25
Hatje, Gerd, Stuttgart 26, 28
Heger, Kurt, Stuttgart 18, 24
Heinrich, Manfred, Reutlingen 22
Heitmüller, Wieland, Hamburg 1
Helwig, Theo L., Köln 4
Herrmann, Karl-Ernst, Berlin 19
Höch, Uwe, Stuttgart 21
Hölzel, Dr. Fritz, Rheda 38
Homolka, Theo, Böblingen 41
Jähn, Hannes, Köln 1, 4
Janosch (Horst Eckert), München 34
Keidel, Prof. Carl, Stuttgart 13, 14
Kirsch-Korn, Jutta 31
Kleiner, Norbert, Hamburg 1
Köchel, Bodo, Berlin 49
Konerding, Tünn, Essen 43
Krist-Schulz, Hetty, Frankfurt am Main 39
Lämmle, Hans, Stuttgart 40, 41
Lege, Christian, Berlin 48
Massin 23
Meurer, Hansjürgen, Gütersloh 5
Nöbel, Heino, Hofheim 39
Oeftering, Torborg, Heidelberg 42
Oxenbury, Helen 36
Piatti, Celestino, Basel 11, 17
Pingel, Willy, Heidelberg 42
Rehder, Dieter, Düsseldorf 5
Richter, Heinz, Steinheim 37
Riebling, Jürgen 25
Rohse, Otto, Hamburg 44
Roth, Felix P., Holzgerlingen 26
Schilling, Karl, Frankfurt am Main 39
Schlottke, Barbara, München 45
Schneider, Jaroslav, Prag 30
Schüler, Franz 18
Seitz, Claus J., München 9, 10
Sembach, Klaus-Jürgen, München 22
Seuss, Juergen, Frankfurt am Main 7
von Sichowsky, Prof. Richard,
 Hamburg 15, 27
Singer, Arthur 21
Sporer, Eugen, München 45
Staudt, Rolf, Frankfurt am Main 8
Štěpán, Bohumil 11
Stiller, Günther, Watzhahn 6, 32
Thauer, Dr. Walter, Bielefeld 38
Uecker, Günther 43
Wadewitz, Gisela 18
Waisznor, Knut, Berlin 38
Weidemann, Prof. Kurt, Stuttgart 25
Weismann, Peter, München 34
Wendlandt, Elfi, Berlin 38
Wendlandt, Kurt, Berlin 38
Weymar, Dr. Hans, Berlin 38
Willberg, Hans Peter,
 Schwickershausen 16, 29
Wolf, Ror, Frankfurt am Main 8
Wurster, Ruth, Stuttgart 28
Zapf, Hermann, Frankfurt am Main 20
Zwang, Christian, Hamburg 44

Verzeichnis der Druckereien und Setzereien

Aktino KG, Berlin 25
Appl, Georg, Wemding 9, 39
Beck'sche Buchdruckerei, C.H.,
 Nördlingen 11, 17
Belser, Chr., Stuttgart 30, 31
Beltz, Offsetdruck,
 Hemsbach über Weinheim 32
Bruckmann KG, F., München 27
Dr. Cantz'sche Druckerei,
 Stuttgart-Bad Cannstatt 46, 47
Christians, Hans, Hamburg 27
Colour Reproductions Limited,
 Billericay/Essex (England) 36
Deutsche Verlags-Anstalt, Stuttgart 18, 24
Didot Firmin, Ivry-sur-Seine (Frankreich) 23
Druckhaus Nürnberg 45
Elsnerdruck KG, Berlin 49
Enschedé en Zonen, Joh., Haarlem
 (Niederlande) 42
Feyl, Gebr., Berlin 38
Fink, J., Stuttgart 37
fotokop Wilhelm Weihert, Darmstadt 1
Fürst & Sohn, Adolph, Berlin 29, 42, 48
Gruner & Jahr GmbH, Hamburg 1
Harris-Intertype GmbH, Berlin 34
Héliographia S.A., Lausanne 28
Hentrich, Albert, Berlin 19
Himmer KG, J.P., Augsburg 23
Imprimeries Populaires, Genf 28
Klett, Ernst, Stuttgart 21, 40, 41
Konerding, Tünn, Essen 43
May & Co. Nachf., Darmstadt 25
Mohndruck, Gütersloh 5, 16, 35
MZ-Verlagsdruckerei GmbH, Memmingen 2
Oehms Druck KG, Frankfurt am Main 20
Oelschlägersche Buchdruckerei, A., Calw 22
Officine Grafiche A. Mondadori, Verona 21
Passavia AG, Passau 10, 26, 27, 33
Pera-Druck, Gräfelfing bei München 3
Les Presses Saint-Augustin,
 Brügge (Belgien) 35, 37
Proff & Co., Bad Honnef 4
Il Resto del Carlino, Officine
 Grafiche Poligrafici, Bologna 31, 34
Richarz, Hans, Niederpleis 4
Rohse Presse, Otto, Hamburg 44
Scheufele, Chr., Offizin, Stuttgart 13, 14
Seyffer, LoRo, Nellingen-Eßlingen 39
Stalling AG, Gerhard, Oldenburg (Oldb.) 15
Universitätsdruckerei H. Stürtz AG,
 Würzburg 12
Utesch, Alfred, Hamburg 36
Wagner, Georg, Nördlingen 8
Wenzel, Richard, Aschaffenburg-Goldbach 7
Wilk, Paul Robert, Seulberg/Taunus 6

Verzeichnis der Buchbindereien

Beck'sche Buchdruckerei, C.H.,
 Nördlingen 11, 17
Berliner Buchbinderei Wübben & Co.,
 Berlin 19
Dr. Cantz'sche Druckerei,
 Stuttgart-Bad Cannstatt 46, 47
Colour Reproductions Limited,
 Billericay/Essex (England) 36
Deutsche Verlagsanstalt Stuttgart 18, 24
Elsnerdruck KG, Berlin 49
Fikentscher, C., Darmstadt 6
fotokop Wilhelm Weihert, Darmstadt 1
Fritzsche-Ludwig KG, Berlin 38
Fürst & Sohn, Adolph, Berlin 48
Klett, Ernst, Stuttgart 40, 41
Klotz, Hans, Augsburg 2, 23
Konerding, Tünn, Essen 43
Lachenmaier, G., Reutlingen 7
Ladstetter, Hamburg 15, 20, 27
May & Co. Nachf., Darmstadt 25
Mayer & Soutter, Lausanne 28
Mohndruck, Gütersloh 5, 16, 35
Monheim GmbH, Monheim 9
Münchner Industriebuchbinderei
 U. Meister, München 39
Officine Grafiche A. Mondadori,
 Verona 21
Oldenbourg, R., München 45
Passavia AG, Passau 10, 26, 33
Pingel, Willy, Heidelberg 42
Les Presses Saint-Augustin,
 Brügge (Belgien) 37
Il Resto del Carlino, Officine
 Grafiche Poligrafici, Bologna 31, 34
Riethmüller & Co., Ernst, Stuttgart 13, 14
Salesianische Offizin, München 3
Schöneberger Buchbinderei Stiller & Co.,
 Berlin 29
Sigloch, Künzelsau 30
Universitätsdruckerei H. Stürtz AG,
 Würzburg 12
Wagner, Georg, Nördlingen 8
Weiss & Zimmer, Mönchengladbach 4
Wochner KG, Fritz, Horb/Neckar 22, 32
Zwang, Christian, Hamburg 44

Verzeichnis der Reproduktionsanstalten

Appl, Georg, Wemding 9
Ateliers Handressy-Rottau 23
Bauersche Gießerei, Frankfurt am Main 39
Beltz, Offsetdruck,
  Hemsbach über Weinheim 32
Berger, Willy, Stuttgart-Feuerbach 13, 46, 47
Brend'amour, Simhart & Co., München 45
Cliché Denz, Bern 28
Colour Reproductions Limited,
  Billericay/Essex (England) 36
Deutsche Verlags-Anstalt, Stuttgart 18, 24
Elsnerdruck KG, Berlin 49
Faesser, Rembert, Berlin 38
fotokop Wilhelm Weihert, Darmstadt 1
Fürst & Sohn, Adolph, Berlin 48
Gäßler & Co., A., München 14
Giesow & Co., Emil, Bielefeld 16
Gölz, Wolfgang, Ludwigsburg 40
Graphotex, Brüssel 37
Gries KG, Graphische Kunst- und
  Verlagsanstalt, Ahrensburg 29
Haußmann KG, Fritz, Darmstadt 25, 42
Héliographia S.A., Lausanne 28
Hirsch, Willy, Stuttgart 47
Imprimeries Populaires, Genf 28
Lang, Georg, Klischee- und Litho-Anstalt,
  Frankfurt am Main 20, 41
Meisenbach Riffarth & Co. –
  Bruns & Stauff GmbH, Berlin 19, 22
Officine Grafiche A. Mondadori,
  Verona 21
Passavia AG, Passau 10, 26, 33
Pera-Druck, Gräfelfing bei München 3
Les Presses Saint-Augustin,
  Brügge (Belgien) 35
Proff & Co., Bad Honnef 4
Reprographia, Lahr 39
repro partner, Hamburg 27
Reprotechnik, Inh. Hans Fritzel, Nellingen 30
Il Resto del Carlino, Officine
  Grafiche Poligrafici, Bologna 34
Schwarz, Dr.-Ing. Hanskarl, Hamburg 27
Seiler & Jehle, Augsburg 31
Uhrmacher & Co., Willi, Hamburg 15
Universitätsdruckerei H. Stürtz AG,
  Würzburg 12
Velhagen & Klasing und Schroedel
  Geographisch-Kartographische Anstalt
  GmbH, Bielefeld 38
Wäsch-Repro, Berlin 19
Wilk, Paul Robert, Seulberg/Taunus 6, 8
Wittemann + Küppers KG,
  Frankfurt am Main 45

Verzeichnis der Einbandstoff-Hersteller und -Lieferanten

Balamundi Nederland N.V.,
  Huizen (Niederlande) 2, 18
Bamberger Kalikofabrik, Bamberg 7, 13, 14,
  15, 16, 20, 22, 25, 30
Berberich, Carl, Ottobrunn 45
Drissler & Co., Frankfurt am Main 29
Göppinger Kaliko- und Kunstleder-Werke,
  Göppingen 12
Hahnemühle, Dassel 43
Hönicke, Walter, Berlin 49
Hoffmann, Franz, Stuttgart 42
Kalle Aktiengesellschaft, Wiesbaden 49
Michaelis & Co., E., Berlin 49
Peterke, Essen 43
Peyer & Co., Stuttgart 6, 8, 9, 10, 26, 28, 39,
  40, 41
Pohl, Heinz, Berlin 38
Radecke, Hermann, Hamburg 27, 44
Schabert, Gebr., Bamberg 23, 42
Zanders Feinpapiere GmbH,
  Bergisch Gladbach 38, 49

Verzeichnis der Papierfabriken
und -lieferanten

Bauer & Co., Nürnberg 26
Berberich, Carl, Stuttgart 18, 24, 30, 37
Buhl, Gebr., Ettlingen 38
Donzelli, C.B., Mailand 40
Ficker AG, Otto, Kirchheim/Teck 22
Geese, Ernst A., Hamburg 10
van Gelder, Amsterdam 42
Hahnemühle, Dassel 43
Hannoversche Papierfabriken,
   Alfeld-Gronau 48
Hartmann, Adolf, Berlin 29
Hartmann & Mittler, München 9, 33, 45
Koninklijke Nederlandse Papierfabriek N.V.,
   Maastricht 30, 37
Kretzschmar, Jürgen W., Stuttgart 40
MD Papierfabriken Heinrich Nicolaus GmbH,
   München 11, 17, 41
Obst & Co., Edmund, Berlin 48
Papeteries Condat (Frankreich) 39
Papeteries du Souche (Frankreich) 35
Papierfabrieken Gelderland Tielens,
   Nijmegen (Niederlande) 4
Papierfabrik Albbruck, Albbruck 8
Papierfabrik Salach, Salach/Württ. 22, 26
Papierfabrik Schleipen GmbH,
   Bad Dürkheim-Hardenburg 1, 2, 5
Papierfabrik Seltmans GmbH,
   Seltmans/Allgäu 6, 16, 25, 27
Papierfabrik Zerkall Renker u. Söhne,
   Zerkall 44
Papierfabriken Landquart,
   Landquart (Schweiz) 28
Papierwerke Waldhof-Aschaffenburg AG,
   Mannheim 49
Peterke, Papierhandlung, Essen 43
Radecke, Hermann, Hamburg 44
Schachenmayr, Gebr., Mochenwangen 7
Scheufelen, Oberlenningen 3, 13, 14, 20, 22,
   32, 42, 45, 46, 47
Schneider & Söhne, G., Ettlingen und
   Frankfurt am Main 12, 39
Sottrici, Mailand 31
Stocks & Huth, Hermülheim 1, 4
Zanders Feinpapiere GmbH,
   Bergisch Gladbach 15

Die Träger der Stiftung Buchkunst

Börsenverein des Deutschen Buchhandels
Bundesverband Druck
Deutsche Bibliothek

Die Förderer der Stiftung Buchkunst
im Jahre 1971

Concentra GmbH Gebr. Hartmann,
　Frankfurt am Main
Druckfarbenfabrik Gebr. Schmidt GmbH,
　Frankfurt am Main
Farbenfabriken Michael Huber, München
Harris-Intertype GmbH, Berlin
Kast u. Ehinger GmbH, Druckfarbenfabrik,
　Stuttgart-Feuerbach
Papierfabrik Scheufelen, Oberlenningen
Roland Offsetmaschinenfabrik
　Faber & Schleicher AG, Offenbach
Schnellpressenfabrik Frankenthal
　Albert & Cie. AG, Frankenthal/Pfalz
Setzmaschinen-Fabrik Monotype GmbH,
　Frankfurt am Main
Siegwerk Farbenfabrik Keller, Dr. Rung & Co.,
　Siegburg

Die Herstellung dieses Katalogs wurde von folgenden Firmen gespendet:

Satz (7/8 Punkt News Gothic):
Harris-Intertype GmbH, Berlin,
ausgeführt von Adolph Fürst & Sohn,
Typographische Anstalt, Berlin,
auf Harris Fototronic 1200

Druck:
Dr. Cantz'sche Druckerei,
Stuttgart-Bad Cannstatt (Offset)

Bindearbeit:
Großbuchbinderei Ernst Riethmüller & Co.,
Stuttgart

Papier (halbmatt gestrichen holzfrei hochweiß Druckpapier BBOT*, 125 g/qm):
Papierfabrik Scheufelen, Oberlenningen

Einbandstoff (Cellulin Super):
Faserprodukte GmbH, Lahnstein

Die Reproduktionen fertigte die Firma
Paul Robert Wilk, Seulberg/Taunus, an

Katalogredaktion: Johanna Oberhellmann,
Frankfurt am Main

Typographie: Hans Peter Willberg,
Schwickershausen

Umschlaggestaltung: Brigitte Willberg,
Schwickershausen